KB149789

경주에서 찾은 신라의 불국토

경주학연구총서 ⑥

경주에서 찾은 신라의 불국토

2017년 8월 20일 초판 1쇄 인쇄
2017년 8월 25일 초판 1쇄 발행

지은이 이근직
펴낸이 권혁재

편집 조혜진
출력 동양인쇄주식회사
인쇄 동양인쇄주식회사

펴낸곳 학연문화사
등록 1988년 2월 26일 제2-501호
주소 서울시 금천구 가산동 371-28 우림라이온스밸리 B동 712호
전화 02-2026-0541~4
팩스 02-2026-0547
E-mail hak7891@chol.com

ISBN 978-89-5508-373-6 93910
ⓒ 이근직, 2017
협의에 따라 인지를 붙이지 않습니다.

책값은 뒷표지에 있습니다.
잘못된 책은 바꾸어 드립니다.

경주에서 찾은 신라의 불국토

학연문화사

책을 펴내며

역사란 어디서부터 출발하는 것일까? 관점에 따라서 다양한 역사가 존재한다. 개인·인종·문화 등 역사는 다양하고 무궁무진하며, 계속해서 재평가 된다. 나에게도 짧은 역사가 존재한다. 그 짧은 역사의 시작에는 이 책의 저자이신 아버지가 계신다. 어릴 적부터 카메라 가방의 지킴이로 경주를 기록하고 연구하는 아버지를 따라 많은 유적지를 다녔다. 역사와 문화가 무엇인지를 배우는 것이 아니라, 지금의 경주를 봄으로써 그 자체가 신라의 역사라는 것을 조금씩 배웠다. 그저 경험이었고, 추억이었던 역사는 어느새 나의 전공이 되었다.

사학과 전공 학생으로서 역사는 '답과 진실을 알 수 없기 때문에, 계속해서 연구되고 공부해야하는 것'이라는 생각을 가지게 되었다. 지금 진행되고 있는 연구와 논문, 단행본은 역사를 만들어가는 과정인 것이다. 지금에서야 아버지께서 왜 그렇게 '신라'라는 역사를 연구하고, 재평가하셨는지 조금은 이해할 수 있게 되었다. 역사는 단순히 멈추어있는 텍스트가 아니기에 연구자의 학설과 연구 결과도 바뀔 수 있다. 학자마다 다른 관점, 학설, 결론을 모두 포용할 수 있는 학문이 역사이다. 어릴 적에는 이해가 가지 않았던 재평가와 새로운 연구들이 사실은 역사에서 필요했던 과정이었다. 그 과정 속에서 아버지는 자신만의 열정을 가지고, 지금의 연구 결과를 이끌어 내셨다.

아버지에 대한 기억 중 유독 오랫동안 기억에 남는 추억이 있다. 밤늦게 귀가하신 아버지께서 나에게서 각도기를 찾으셨고, 그 각도기의 방향을 이리저리 돌려가며 자료를 확인하시던 모습이 유독 기억난다. 주말마다 유적지의 규모와 구조를 보려고 줄자와 나침반을 목에 걸고 답사를 다니시던 모습도 지금 역사를 배우고 있는 나에게는 매우 의미 있는 가르침으로 남았다. 그만큼 열정적이셨던 아버지의 책이 역사를 공부하는 분들께 큰 힘이 될 것이라고 생각한다. 처음 이 글을 쓰기로 마음을 먹었을 때, 아버지께서 지금까지 걸어가셨던 길을 이야기하고 싶었다. 철이 들면서 아버지의 딸로서, 사학도로서 느낀 것이 많았기 때문이다. 또한 얼마나 열정적으로 경주에 대한 애정을 가지셨으며, 알리고 싶어 하셨는지도 얘기하고 싶었다.

아버지께서 2011년까지 연구하셨던 논문이 이번 발간을 끝으로 마무리를 한다. 앞서 발간된 책들을 통해 '신라'라는 역사를 조금 이해할 수 있게 되었다. 분명 이와 관련된 역사서도 끝이 아닐 것이다. 계속해서 연구될 것이며, 재평가 될 것이다. 그 때마다 같이 회자되는 책이기를 바란다. 또한 역사를 공부하는 모든 분들께 열정을 심어줄 수 있는 디딤돌이 되기를 소망한다.

마지막으로 여러 권의 책을 내기까지 도와주신 경주학연구원의 여러분과 출판사 사장님께 감사드린다. 아마도 그 분들께서 함께 하지 않으셨다면 아버지의 논문들은 책으로 출간되지 못했을 것이다. 아울러 아버지를 먼저 보내시고 맘고생하신 어머니께서도 이 유고집의 완간을 기해 그동안의 짐을 내려 놓으셨으면 한다.

2017년 7월 2일

李裕林

논문 출처

1. 신라 흥륜사 위치 고증

『신라문화』20, 2002

2. 경주 천관사지

『경주사학』20, 2001

3. 경주 나원리사지의 가람배치와 석탑건립연대

4. 통일신라 봉성사와 절원당

『신라사학보』7, 2006

5. 경주 남산 불교유적의 형성과정

『경주문화논총』6, 2003

6. 신라 통일기 토함산유적의 역사적 성격

『경주문화논총』4, 2001

7. 경주 단석산과 김유신

『경주문화』4, 1998

8. 대구 비슬산 용연사에 대하여

차례

1

신라 흥륜사 위치 고증

Ⅰ. 머리말

경주의 흥륜사는 신라 최초의 가람으로서 그 위치는 문헌자료에 의할 경우 신라 王城의 서편에 해당된다. 이 점은 中國 洛陽의 白馬寺와 같다. 백마사 역시 흥륜사와 같이 後漢 都城의 서편에 위치하여 西域으로부터 전래되어온 불교를 받아들인 후 창건된 최초의 사찰이기 때문이다. 즉, 흥륜사와 백마사는 後漢과 新羅에 佛敎初傳의 聖地로 서역 및 고구려로부터 불교가 전래되는 교통로상에서 왕성으로 들어서는 첫 관문에 해당되어 방향성과 장소 그 자체가 불교전래의 역사적 의미를 상징하고 있다. 그런 까닭에 흥륜사의 위치를 분명히 하는 것은 중요한 문제라 할 수 있다.

따라서 그동안 『삼국사기』와 『삼국유사』 그리고 조선시대의 각종 지리지 등에서 보이는 관련 기사를 바탕으로 경주지역에서 확인되는 寺址의 寺名을 추

사진 1 중국 낙양 백마사

정해 온 연구는 주목된다[1]. 그러나 이러한 연구성과에도 불구하고 경주지역에 있는 다수의 逸名寺址 가운데 정확한 사명이 확인된 것은 소수에 그치고 있다.

주된 이유는『삼국사기』와『삼국유사』혹은 조선시대의 각종 지리지에 등장하는 寺址관련 기록들이 특정 유적을 기준으로 사찰이 위치하고 있는 방향만을 제시하고 있는데 반해, 가리키고 있는 지역 일원에는 다수의 逸名寺址가 존재하기 때문이다. 예컨대,『삼국유사』에서 嚴莊寺는 '王城西里'[2], 虎願寺는 '創寺於西川邊'[3]으로 기록되어 있다. 그리고 이들은 동

---

1 ※ 이 논문은 2001~2002년 BK21사업의 지원에 의해 쓰여졌음.
　諸鹿央雄, 1916,「新羅寺蹟考」, 경주인쇄소 ; 濱田耕作·梅原末治, 1934,『新羅古瓦の研究』, 京都帝國大學 ; 大坂金太郎, 1937,「慶州に於ける新羅廢寺址の寺名推定に就て」, 『朝鮮』197호, 조선총독부 ; 田中俊明, 1988, 1989, 1992,「慶州新羅廢寺考(1)~(3)」,『堺女子短期大學紀要』23號·24號·27號, 堺女子短期大學.
2 『삼국유사』권제3 흥법제3 아도기라조.
3 『삼국유사』권제5 신주제6 김현감호조.

일한 지역을 의미하는데, 해당 지역인 월성 서편과 서천변 일대에는 현재 모두 8개소의 사지가 확인되고 있으므로 정확한 증거가 없는 한 비정 그 자체가 곤란해진다(그림1 참조).

또한 일부 사지에서 출토되고 있는 문자기와의 경우 간혹 사명을 추정하는 결정적인 증거로 제시되기도 하나[4] 동일한 문자기와가 여러 사지에서 동시에 출토되고 있어 역시 적극적인 증빙자료는 되지 못한다. 예컨대, 皇龍寺銘은 황룡사지와 남산의 보리사에서[5], 昌林寺銘은 남산의 창림사지와 천관사지에서[6] 각각 출토되었다. 때문에 조선시대까지 법등이 이어지고 있었던 사찰들에 한정해서 각종 지리지와 조선후기에 제작된 '慶州府圖' 등을[7] 통해 위치 비정이 가능한 실정이고 그 이전에 폐사된 사찰에 대해서는 좀 더 신중을 기해야할 필요가 있다. 즉, 경주지역에 남아 있는 사지의 사명을 추정해 가는 일은 단순한 것이 아니며 문헌 및 고고학 자료들을 모두 이해해야 하는 복잡한 과정을 거쳐야 된다.

본고는 그 가운데 앞서 언급한 바와 같이 흥륜사의 위치와 관련된 기사를 검토하면서 관련 유적인 전미추왕릉(E) 및 寺址의 문제 그리고 오늘날 흥륜사로 일반에게 널리 알려져 있는 전영묘사지(H)[8] 관련 자료들을 살

---

4 朝鮮總督府, 1940, 『慶州南山の佛蹟』, 65쪽 ; 문명대, 1977, 「신라 사방불의 기원과 신인 사(남산탑곡마애불)의 사방불」, 『한국사연구』 18, 한국사연구회, 73쪽.

5 국립경주박물관, 2000, 『신라와전』(도록), 365쪽 ; 박홍국, 1980, 「경주지방에서 출토된 문자명와」, 『전국대학생학술연구발표논문집』 제5집, 고려대 학도호국단, 103쪽.

6 朝鮮總督府, 1940, 『慶州南山の佛蹟』, 13쪽 ; 국립경주문화재연구소, 2001, 「경주천관사 지발굴조사 지도위원회 및 현장설명회 회의자료」.

7 李燦, 1991, 『韓國의 古地圖』, 汎友社 ; 영남대박물관, 1998, 『한국의 옛지도』(도판편), 145쪽 ; 경북대출판부, 1998, 『동여비고』 등에 소개되고 있다.

8 본문에서는 현재 국가에서 지정한 사적 제15호인 사정동의 '경주흥륜사지'이자 현재 사찰이 건립되어 있는 천경림 흥륜사는 전영묘사지(H)로, 추정흥륜사지인 경주공업고등학교일원은 전흥륜사(F)로 표기함.

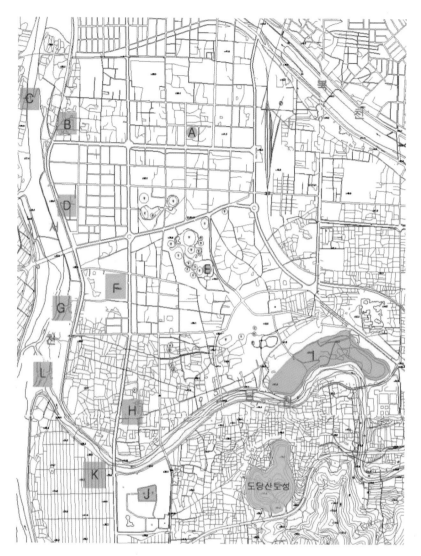

그림 1 월성서편 신라시대 절터 분포 현황

A : 객사(동경관) B : 전삼랑사지 C : 일명사지 D : 전남항사지 E : 전미추왕릉 F : 전흥륜사지
G : 추정영흥사지 H : 전영묘사지 I : 월성 J : 전오릉 · 알영정 K : 일명사지 L : 일명사지

퍼보고자 한다. 이러한 노력은 비단 흥륜사의 위치뿐만 아니라 향후 경주
지역 사지의 사명을 추정해 가는데 도움이 되리라 믿는다.

Ⅱ. 『삼국사기』와 『삼국유사』

1. 흥륜사 위치관련 기사

흥륜사의 위치를 추정할 수 있는 관련기록은 『삼국유사』 紀異第一 味鄒王 竹葉軍條와 興法第三 阿道基羅條에 남아 있다. 이 두 기록은 흥륜사 위치와 관련하여서는 가장 오래된 것임에는 분명하나 연구자에 따라서는 고려 중기의 경주지역 상황을 기록한 것으로 추정하고 있다[9]. 그러나 흥륜사는 진흥왕 6년(545)에 창건된 이후 이동된 적이 없으며, 위 내용들이 기록된 시기는 흥륜사가 폐사되는 15세기 이전에 해당되므로 사료를 신뢰하는데 문제될 내용은 없다. 다만 흥륜사의 위치를 결정짓는 미추왕릉과 금교의 위치를 정확히 확인할 수 있는가 하는 것이다. 관련 기록은 다음과 같다.

---

9 미추왕 죽엽군조의 완성시기를 『삼국유사』를 찬술되는 13세기말이라는 견해가 있다(신 종원, 1992, 『신라초기불교사연구』, 민족사, 83쪽). 또한 아도기라조에 포함되어 있는 '아도본비'의 작성시기는 1100년경으로 추정되고 있다(김창호, 2001, 「삼국유사에 실린 아도본비의 작성시기」, 『경주사학』20집, 경주사학회, 12쪽).

가. 味鄒王陵은 흥륜사 동쪽에 있다.

(『삼국유사』 기이제일 미추왕 죽엽군조)

나. "첫째는 金橋의 동쪽 天鏡林이다"(지금의 흥륜사이다. 금교는 西川에
   있는 교량을 말하는데, 항간에는 잘못 전하여 松橋라고 부르기도 한
   다. 흥륜사는 아도가 처음 그 터를 정하였는데, 중간에 廢하였다가
   법흥왕대인 丁未年(527)에 이르러 절을 짓기 시작하여 乙卯年(535)에
   크게 열리었고 眞興王代에 완공되었다)

(『삼국유사』 흥법제삼 아도기라조)

두 기록을 종합해 보면, "흥륜사의 서쪽에는 西川상의 교량인 금교 또
는 송교가 있으며, 반대편인 흥륜사 동쪽에는 제13대 미추왕릉이 있다"는
것이다. 즉, 흥륜사는 서천의 금교와 미추왕릉 사이에 있음을 알 수 있다.
그리고 흥륜사의 탑돌이를 중심으로 전개되고 있는 金現과 虎女의 이야
기가[10] 서천변과 西山인 仙桃山을 배경으로 하고 있어 흥륜사가 이들로
부터 멀지 않은 가까운 거리에 위치하고 있음을 짐작할 수 있다. 이 경우
선도산 기슭에 살고 있던 虎女는 왕성으로 진입하는 이동로상에서 서천
을 건너서 있는 흥륜사에 들어가 탑돌이를 하였던 것이다. 따라서 흥륜사
의 위치를 결정하고 있는 두 유적인 미추왕릉과 금교의 소재를 확인하는
것이 선결 과제임을 알 수 있다.

현재 전미추왕릉(E)은 경주시 황남동의 大陵苑內에 전해오고 있으나,
금교 유지는 확인할 수 없다. 다만 모로가 히데오(諸鹿央雄)이 1910년대
서천상에서 교량지로 추정되는 석재들을 당시의 석공들이 옮겨서 다른

---

10 『삼국유사』 감통제7 김현감호조.

교량의 석재로 사용하고 있다고 증언하고 있어[11], 그 위치가 금교일 가능성을 엿볼 수 있으나 확인되지 않는다. 따라서 대릉원내의 전미추왕릉은 연구자들이 경주공업고등학교일원을[12] 흥륜사지로 인식하는데 결정적인 역할을 하고 있다. 그런데 문제는 전미추왕릉이 『삼국사기』 신라본기에 기록된 바와 같이 284년에 조영된[13] 미추왕릉이 맞느냐 하는 점이다. 만일 전미추왕릉이 미추왕릉이 아닐 경우 현재의 전미추왕릉을 기준으로 흥륜사의 위치를 추정하는 것은 아무런 의미가 없기 때문이다.

2. 전미추왕릉의 문제

고고학계의 연구성과를 고려할 경우, 적석목곽분 가운데 단일원분의 성립을 3세기말로 보기는 어렵다는 것이 학계의 중론이다. 따라서 먼저 전미추왕릉의 역사적 실체가 무엇인지에 대한 합리적인 이해가 선행되어야 할 것이다.

이를 위해서는 전미추왕릉의 피장자에 대한 진위문제에 접근할 필요가 있다. 하지만 발굴이 이루어지지 않은 상황에서 이를 밝히기란 쉽지 않은 일이다. 그런데 전미추왕릉은 적석목곽분들로 군집을 이루고 있는 황남동고분군내에 포함되어 있으며, 봉분높이 13m, 봉분 직경 57m로 봉분높이 13m, 봉분 직경 47m인 天馬塚과 비슷한 규모를 가졌다. 이러한 표면상의 특징은 전미추왕릉의 墓制가 대릉원내의 다른 대형분들과 마찬가

---

11 諸鹿央雄, 1916, 「新羅寺蹟考」, 경주인쇄소, 1쪽.
12 고고미술동인회, 1965, 「慶州工高校庭에서 寺址발견」, 『고고미술』제6권 제5호(통권58호).
13 冬十月 王薨 葬大陵 一云竹長陵 (『삼국사기』신라본기 미추니사금 23년조).

사진 2 전미추왕릉

지로 積石木槨墳이며, 규모로 보아 피장자의 신분은 최상위 계층을 형성하고 있는 왕 또는 왕족임을 의미한다. 따라서 적석목곽분의 발생시기와 미추왕릉의 조영시기인 3세기말이 일치하는지 여부가 검토되어야 한다.

한편 古新羅期 古墳의 경주지역 墓制는 지금까지 밝혀진 바에 의하면, 木棺墓 → 木槨墓 → 積石木槨墳 → 橫穴式石室墳이다. 이들 묘제의 변천과정에 대한 편년에서 김원룡은 미추왕의 장례와 관련하여,『삼국사기』 신라본기에서 "23년 겨울 10월에 왕이 돌아가시니 '大陵'에 장사지냈다"로 기록하고 있음에 주목하여, 경주지역에서 적석목곽분이라는 독특한 묘제를 한 고총고분이 등장하는 시기를 3세기말로 보았다. 즉,『삼국사기』신라본기에서 미추왕릉을 처음으로 '대릉에 장사지냈다'고 하는 것은 경주분지에서 김씨 왕들에 의해 적석목곽분인 고총고분이 등장하고 있음을 의미한다는 것이다[14].

그러나 적석목곽분의 출현시기를 두고 김원룡처럼 60~70년대의 연구자들은 3세기말부터 4세기전반기로 보는 반면, 80년대 이후의 국내 및 일본학계의 연구결과는 4세기중엽~5세기 전반으로 내려보는 경향이 강하다[15]. 즉, 『삼국사기』 신라본기에 기록된 미추왕릉 조영시기와 고고학계의 연구결과는 50~150년 정도의 시간적 차이를 보이고 있다. 따라서 『삼국사기』 신라본기의 기록을 그대로 따를 경우 전미추왕릉은 미추왕릉이 아니며, 재위기간을 감안할 경우 미추왕릉은 적석목곽분 이전시기의 묘제인 목곽묘로 소형분일 가능성이 높다.

하지만 일부 상고기의 연대를 수정하고자 하는 연구자들 사이에서는 신라 상고기의 각 왕들의 재위기간을 일부 하향 조정하는 경향이 있는데, 혹자는 미추왕을 '大陵'에 장사지냈다는 표현은 기존의 왕릉에 비해 큰 왕릉이 출현했음을 의미한다고 보아 미추왕릉을 적석목곽분의 출현시기로 설정한 뒤 미추왕의 재위기간을 오히려 고고학계의 연구성과에 의거하여 4세기 중엽으로 추정하는 견해도 있다[16]. 이러한 견해의 이면에 전미추왕릉의 존재가 인지되고 있었을 가능성은 높다.

그런데 최병현의 견해에 의하면, 적석목곽분 가운데 단일원분의 경우 황남대총과 같은 대형일수록 시기는 빠르고 시기가 내려올수록 최상위 묘형의 경우에 있어 각부 구조의 규모가 축소되고 세부구조가 생략되거

---

14 김원룡, 1986, 『한국고고학개설』, 일지사, 201쪽·211쪽.

15 이종선, 2000, 『고신라왕릉연구』, 학연문화사, 41쪽 「별표1」 적석목곽분 편년대비표 참조.

16 적석목곽분의 출현시기를 4세기 전반기로 본 최병현의 견해를 취하고 있다(이부오, 1999, 「신라초기 기년문제에 대한 재고찰」, 『선사와 고대』 13집, 한국고대학회, 248쪽). 같은 맥락에서 최병현 역시 3세기말이라는 『삼국사기』 신라본기의 기록은 잘못된 것이며, 미추왕은 4세기대의 인물이었으나 어떤 필요성으로 인하여 김씨왕조에 의해 소급되어 기록된 것으로 보고 있다(최병현, 1992, 『신라고분연구』, 일지사, 380쪽).

나 간략화의 과정을 거치고 있으므로 봉분의 크기는 축소되어 원형으로부터 이탈되는 퇴화과정을 걷고 있다고 한다[17]. 이 견해에 의하면, 전미추왕릉은 천마총과 비슷한 규모를 보이고 있으므로, 대부분의 연구자들이 천마총을 5세기말 6세기 전후로 보고 있듯이[18] 전미추왕릉 역시 그 시기를 크게 벗어나지는 않을 것으로 생각된다.

따라서 앞서 살핀 바의 내용을 요약하면, 신라사상의 실재했던 왕으로서 미추왕의 존재를 그대로 믿는다면, 3세기말 경주분지의 묘제는 봉분이 전혀 남아 있지 않는 목곽묘단계이므로 미추왕릉은 사실상 찾기가 어려워진다. 그리고 '大陵'이라는 표현 또한 역사적 실체를 의미하는 것이 아님을 알 수 있게 한다. 아울러 전미추왕릉은 비록 발굴을 하지는 않았지만 규모로 미루어 보아 미추왕의 재위기간인 3세기말이 아니라 6세기 전후의 적석목곽분일 가능성이 높아진다.

결과적으로『삼국사기』신라본기의 기록 내용과 고고학적 상황이 서로 일치하지 않고 있음을 알 수 있다. 이러한 상황은 비단 전미추왕릉에 국한하지 않고『삼국사기』신라본기에서 23대 법흥왕이전에 장지가 기록된 전혁거세왕릉·전남해왕릉·전유리왕릉·전탈해왕릉·전파사왕릉도 마찬가지이다[19].

한편, 이처럼 문헌과 고고학적 상황이 일치하지 않고 있음에 대해서 그동안 고고학계에서는 눌지왕 19년(435)조에서 확인되는 기사를 확대 해석하여 전미추왕릉의 묘제와 규모는 3세기말의 고고학적 상황과는 관계없이 후대의 개축 또는 개수에 의한 것이라고 설명하고 있다.

---

17 최병헌, 1992, 『신라고분연구』, 일지사, 328-329쪽.
18 이종선, 2000, 『고신라왕릉연구』, 학연문화사, 41쪽 「별표1」 적석목곽분 편년대비표 참조.
19 이근직, 1986, 「신라 왕릉관계 기사의 검토」, 『경주사학』 5집, 동국대학교 국사학회.

다. 19년 봄 정월에 큰바람이 불어 나무가 뽑혔다. 2월에 歷代의 園陵을 修葺하였다. 여름 4월에 始祖廟에 祭祀를 지냈다.

(『삼국사기』 신라본기 눌지마립간 19년조)

강인구는 먼저 2월 부분을 '역대 왕릉에 새로이 封土를 입혔다'로 해석한 후 이를 토대로 눌지왕이전의 18대에 이르는 왕과 왕비들의 능 30여 기를 오늘날과 같은 외형을 가진 고총고분으로 개조하였을 가능성이 높다고 추정하였다[20]. 따라서 대릉원을 중심으로 하는 경주분지내 155기의 대형 고총고분에는 박씨와 석씨 그리고 김씨의 초기 왕릉들이 혼재하여 있는 것으로 확대 해석하였다[21]. 신경철은 목관묘와 목곽묘만 있던 경주분지에 435년에 이르러 비로소 적석목곽분이 축조되기 시작하였다는 것이다[22]. 이 경우 그 이전시기의 왕릉들에 대해서는 언급을 하지 않고 있다. 최병현은 원래 미추왕릉은 목곽묘 단계로서 봉분의 규모가 크지 않았는데, 151년 이후인 435년에 와서 정변으로 왕위에 오른 눌지왕이 내물계 왕위계승의 정통성을 강조하기 위하여 이전 시기의 역대 김씨 내물계의 직계 조상묘들에 대해 당시의 묘제인 적석목곽분과 같은 외형으로 수축케하는 과정에서 포함되었다는 것이다[23].

결과적으로 강인구와 최병현의 견해는 미추왕릉이 적석목곽분일 가능성을 높게 한다. 그러나 위 기사는 정월의 대풍과 陵園의 수즙 그리고 뒤

---

20 강인구, 1984, 『삼국시대 분구묘연구』, 영남대출판부, 161-162쪽.

21 강인구, 1984, 「신라왕릉의 재검토」, 『동방학지』 41, 연세대 국학연구원(2000, 『고분연구』, 학연문화사, 418쪽에 재수록)

22 신경철, 1985, 「古式鐙子考」, 『부대사학』 9집, 부산대학교 사학회, 37쪽.

23 최병현, 1992, 『신라고분연구』, 일지사, 431~433쪽 ; 이희준, 1995, 「경주 황남대총의 연대」, 『영남고고학』17호, 영남고고학회, 66-67쪽.

이은 시조묘에서의 제사를 동일한 사건의 연속으로 해석해야 된다[24]. 그럼에도 불구하고 2월의 기사만을 취하여 온 기왕의 견해는 그 자체로 많은 모순점을 내포하게 된다[25]. 따라서 전미추왕릉의 피장자 진위문제는 『삼국사기』신라본기에 기록된 미추왕의 실존연대를 그대로 인정할 경우 부정적일 수밖에 없음을 알 수 있다.

3. 전미추왕릉의 역사적 성격

우리는 여기서 경주분지 고분군내에 존재하는 30여 기의 대형분 가운데 왜 106호분만 피장자가 미추왕이라는 분명한 전승과정을 지키고 있을까 하는 점을 생각해야 한다. 황남동고분군·노서동고분군·노동동고분군은 대체로 마립간기 김씨 왕족들의 묘역으로 추정되고 있다[26]. 그런데 높이 20m전후의 초대형분에 해당하는 98호분 · 119호분 · 125호분 · 130호분·134호분 조차도 피장자에 대한 전승과정을 잃어버렸음에도 불구하고, 중형급인 106호분은 미추왕릉으로 전해오고 있기 때문이다. 왜 모두 잊혀졌는데 김씨로서 최초의 왕위에 오른 미추왕의 능만을 경주사람들은 기억하고 있을까 하는 것이다.

---

24 이근직, 1986, 「신라 왕릉관계 기사의 검토」, 『경주사학』 5집, 동국대학교 국사학회, 103쪽. 그리고 수즙정도에 대해서는 최병현의 견해와 같은 입장을 견지했으나, 최근의 연구성과를 고려하면 대풍피해에 대한 보수작업이었던 것으로 생각된다.

25 김창호, 1991, 「경주 황남동 100호분의 재검토」, 『한국상고사학보』 8호, 한국상고사학회, 87-88쪽 ; 이은석, 1999, 「경주 황남대총 구조에 관한 일고찰」, 『고고역사학지』 15집, 동아대학교 박물관, 109-110쪽.

26 최병현, 1991, 「신라의 성장과 신라고분」, 『한국고대국가 형성시기의 고고학적 연구』, 한국정신문화연구원, 85쪽.

사진 3 대릉원

    이에 대한 합리적인 해석을 통해서 대릉원내의 전미추왕릉이 미추왕의 사망연대인 3세기말과는 무관한 대형의 적석목곽분이지만,『삼국유사』기이제1 미추왕 죽엽군에 기록된 미추왕릉임을 증명할 것이다. 그리고 이에 대한 해석이 설득력을 갖는다면 전미추왕릉과 동서방향을 이루고 있는 경주공업고등학교일원의 사지가 흥륜사지일 가능성은 높아진다.

    한편, 이 점을 이해하기 위해서는『삼국사기』편찬과정에 주목할 필요가 있다. 신라에서는 진흥왕 6년(545) 가을 7월에 '國史'를 편찬하자는 이찬 異斯夫의 건의를 받아들인 왕이 대아찬 居柒夫 등에게 명하여 널리 文士를 모집하여 국사를 편찬케 하였다. 즉, 진흥왕 이전에는 국사를 기록으로 남기지 않았다는 것이다. 이때 편찬된 국사의 내용이 왕실과 귀족의 이해를 균형적으로 조정한 것이라고는 하나[27], 어느 시기까지 소급되어 기록된 것인지 확인되지 않는다. 그런데『삼국사기』신라본기에서 신라의 건국연대를 고구려와 백제보다 이른 시기로 올려놓거나[28], 신라의 건국 주체를 고조선의 유민으로 서술함으로써 신라의 역사적 전통을 끌어올리려 하고 있음은[29] 진흥왕대의 '국사'가『삼국사기』신라본기의 원형이 되었다기 보다는 삼국통일 이후 통일왕조로서의 위상에 맞는 역사서를 편찬할 당시에 기년이 조정되는 등의 2차적인 개입이 있었을 가능성이 제기된다. 이 점은『삼국사기』신라본기에서 次次雄·麻立干 등 상고기의 역사적 사실을 언급하면서 8세기 전반의 인물인 김대문의 해석에 의존하고 있음에서[30] 고신라기에 관한 역사서 부족의 일단을 엿볼 수 있다. 다시 말하면 8세기 전반에 이르러 비로소『삼국사기』신라본기에 가까운 역사적 체계가 갖추어졌을 가능성이 높다. 이는 신라가 삼국을 통일한 직후에 통일을 합리화하고 중대왕권을 뒷받침하기 위해 새로운 역사서가 편찬되었으리라는 점[31]을 강하게 뒷받침하고 있다. 그 뒤를 이어 고려초에 편찬된『舊三國史』[32]와 이들 사서를 저본으로 새로운 자료들을 追

---

27 박성희, 1999,「고대 삼국의 사서편찬에 대한 재검토」,『진단학보』88호, 진단학회, 37쪽.

28 김광수는 70년 정도 상승되었을 것으로 추정하고 있다(김광수, 1973,「신라 상고세계의 재구성 시도」,『동양학』3집, 단국대 동양학연구소, 374쪽). 채희국 역시 신라의 건국 연대가 60여년 올라가 있음을 지적하고 그 이유로『삼국사기』신라본기 자체에 인위적인 가공이 가해지고 있다고 하였다(채희국, 1992,「신라의 건국 연대와 초기발전」,『조선고대 및 중세초기사 연구』, 사회과학연구소, 258쪽).

29 정구복, 1996,「삼국사기 해제」,『역주삼국사기1』(감교원문편), 한국정신문화연구원, 536쪽

30 ① 次次雄 或云 慈充 金大問云 方言謂巫也 世人以巫事鬼神 尙祭祀 故畏敬之 遂稱尊長者爲慈充(『삼국사기』신라본기 남해차차웅) ② 金大問云 麻立者 方言爲橛也 橛謂諴操 准位而置 則王橛爲主 臣橛列於下 因以名之(『삼국사기』신라본기 눌지마립간).

31 이기동, 1983,「고대국가의 역사인식」,『한국사론』6(한국사의 의식과 서술), 국사편찬위원회, 13쪽.

32 정구복, 1993,「고려 초기의『三國史』편찬에 대한 일고」,『국사관논총』45집, 국사편찬위원회.

記하여 편찬한 김부식의 『삼국사기』(1145)에 이르기까지의 편찬과정에서 추가적인 사료의 변형 또는 보완이 진행되었을 것이다. 즉 여러 집단의 이해관계와 시대의 추이에 따른 사회적 환경 및 역사인식의 변화 등이 각 시대마다 累層的으로 사서편찬 과정에 개입하여 史實을 왜곡시켰을 개연성이 크다. 예컨대, 왕릉 및 성씨관련 기사는 통일신라 말 또는 고려 초의 인식이 역으로 소급되어 시조인 혁거세거서간부터 기록되어 기원전부터 성씨를 사용한 것처럼 서술하고 있다[33].

그 결과 이처럼 문헌의 관련 내용과 고고학의 연구성과가 서로 일치하지 않게 된다. 따라서 이러한 편찬과정에 대한 천착은 『삼국사기』와 『삼국유사』의 신라 초기 기록의 성격을 이해하는데 제한적이기는 하나 단서를 제공해 줄 것으로 기대된다. 그러한 측면에서 『삼국사기』 법흥왕이전의 왕의 장지관련 기록을 보면 朴・昔・金 三姓 始祖王들에 대해서만 한정적으로 관련기사가 등장함을 볼 수 있다. 왜 다른 왕들의 경우 장지관련 기록은 확인되지 않는데, 하필 기록이 남아 있는 왕들의 경우 삼성시조에 국한될까 하는 의문이 생긴다.

또한 신라본기의 기록을 검토해 보면 시조 혁거세거서간부터 통일초 어느 시점에 이르기까지는 왕들의 장지는 기록으로 남기지 않았을 가능성이 높다. 그러나 통일기에 이르면 사서편찬 과정에서 왕들의 장지를 기

---

33 6세기에 이르러 비로소 등장하는 姓氏(이순근, 1980, 「신라시대 성씨 취득과 그 의미」, 『한국사론』 6, 서울대 국사학회, 15쪽)를 소급하여 혁거세거서간의 성을 朴氏로 기록하고 있다. 또한 탈해니사금 9년(65)에 김씨 시조인 金閼智가 雞林에서 탄강하였는데, 25년 뒤인 파사니사금 즉위년(80)조에 왕비는 史省夫人 金氏이며 許婁葛文王의 딸로 표현하고 있다. 만일 그렇다면 허루갈문왕은 김씨이며, 김알지보다 연장자가 되어 김알지가 김씨시조라는 기록은 허구가 된다. 이처럼 비록 그러한 인물들이 실재했다 하더라도 성씨를 위와 같이 기록하고 있음은 후대의 인위적인 복선이 내재되어 있음을 증명하는 것이다.

록할 필요성이 제기되었을 것이다. 그런데 신라본기를 참고할 경우 경주 분지내의 왕릉들은 장지기록에서 제외되었으며 경주분지가 아닌 산록으로 이동하여 조영된 법흥왕부터 그 대상이 되고 있음을 알 수 있다. 그렇다고 해서 이를 평면적으로 받아들여 '법흥왕부터 장지기록이 시작되었다'라고는 할 수 없다. 이 점은 법흥왕의 장지를 '哀公寺北'으로 표현한 점에서 분명해진다. 왜냐하면 법흥왕이 薨去하는 540년에는 신라 왕경에 사찰이 아직 건립되지 않았기 때문이다. 신라 최초의 사찰은 법흥왕 사후 5년 뒤인 진흥왕 6년(545)에 창건된 흥륜사임이 분명하다. 그런 까닭에 당시에 법흥왕의 장지를 기록하였다면 진평왕처럼 해당지역의 '地名' 또는 선덕여왕처럼 '山名', 진덕여왕처럼 '部名' 등으로 기록되었을 것이다. 그런데 그렇지 않고 후대에 창건된 것이 분명한 '哀公寺'를 기준으로 장지를 기록하고 있음은, 애공사 창건 이후 어느 시기에 이르러 당시의 상황에 맞추어 장지관련 내용이 소급되어 기록되었음을 의미한다.

같은 관점에서 미추왕릉의 장지를 언급한 '大陵' 역시 구체성이 결여된 표현인 점으로 미루어 보아 후대의 필요에 의해 소급되어 기록되었을 가능성이 높다[34]. 그 시기는 대체로 신라 하대 또는 고려초일 것으로 생각되나, 현재의 전미추왕릉은 중대에 지정된 것으로 보인다. 이유는 혜공왕 대에 이르러 唐의 五廟制를 개정하면서 신문왕대 이래로 지속된 太祖大王을 대신하여 미추왕이 金姓始祖의 자격으로 오묘의 首位로 모셔지기 시작한 것과[35] 아울러 미추왕릉을 大廟라 칭했다는[36] 점이 주목되기 때

---

34 이근직, 1986, 「신라 왕릉관계 기사의 검토」 『경주사학』5집, 동국대 국사학회, 101~105쪽.
35 至第三十六代惠恭王 始定五廟 以味鄒王爲金姓始祖(『삼국사기』 권제32 잡지1 제사).
36 非未鄒之靈…與三山同祀而不墜 躋秩于五陵之上 稱大廟云(『삼국유사』 기이제일 미추왕 죽엽군조).

문이다[37]. 즉 신라중대에 이르러 전대의 역사를 새롭게 편찬하는 과정에서 또다른 김씨 시조로 알려진 閼智[38] 또는 少昊金天氏[39]가 아닌 미추왕을 실질적인 金姓始祖로 결정하면서부터 미추왕릉의 필요성이 제기된 것이다. 이러한 필요성은 미추왕릉을 대묘라 한데서도 알 수 있듯이 당시는 王陵이 곧 廟였기 때문이다. 즉, 8세기 중엽에 이르러 미추왕릉은 3세기 말의 고고학적 상황과 무관하게 高塚古墳 가운데 지정되었고 곧이어 왕실에 의해 大廟로 追崇된 것이다. 따라서 5~6세기의 적석목곽분이 3세기말의 미추왕릉으로 알려지기 시작한 것이다. 그 후 미추왕릉은 신라 중대 이래로 고정되어 『삼국유사』의 미추왕 죽엽군조에서 "흥륜사 동쪽에 있다"라고 기록된 후 오늘에 이르기까지 변함없이 전승되고 있다.

4. 금교의 위치

금교의 위치는 현재 알 수 없으나, 조선 정조 22년(1798)에 그려진 '경주읍내전도'에서[40] 서천을 건너던 모량교의 위치가 확인되고 있어[41] 참고가 된다. 모량교의 위치는 오늘날의 서천교와 크게 다르지 않다. 그런데 진흥왕 10년(549) 양나라 사신과 양나라에 유학하고 있던 신라 승려 각덕이 함께 불사리를 가지고 돌아오는데, 진흥왕이 백관으로 하여금 흥륜사

---

37 채미하, 2000, 「신라 혜공왕대 오묘제의 개정」, 『한국사연구』 108, 한국사연구회, 41~45쪽.
38 『삼국사기』 신라본기 탈해니사금 9년조 및 『삼국유사』 권1 김알지 탈해왕조 등에서 확인된다.
39 이문기, 1999, 「신라 김씨 왕실의 少昊金天氏 출자관념의 표방과 변화」, 『역사교육논집』 23·24집, 역사교육학회, 653~656쪽.
40 이춘희, 1972, 「집경전구기도」, 『국학자료』 6집, 장서각.
41 경주문화원, 1994, 『경주의 옛 사진집』, 11쪽.

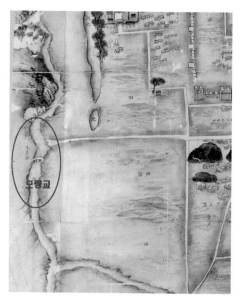

사진 4 모량교(경주읍내전도 1798)

앞길에서 맞이하게 하였다는[42] 점과 당시의 가람배치가 남북으로 건물배치가 이루어진 점을 감안하면 흥륜사 남문 앞의 길은 동서로 놓인 길이었을 것이다. 따라서 경주공업고등학교일원이 흥륜사지라면 금교는 조선시대의 모량교와 현재의 서천교보다는 조금 남쪽으로 이동되어야 할 것이다. 이 경우 흥륜사 앞길은 전흥륜사지와 추정영흥사(G)를 동서로 연결시키고 있었을 것이며 그 서쪽 끝에 금교가 놓여 있었을 것이다.

추정영흥사지(G)는 1980년에 처음으로 확인되어 경주사적관리사무소에 의해 발굴되었으며[43], 사역에서 출토된 유물과 석조물들은 국립경주박물관 경내 남쪽 정원으로 옮겨져 전시되고 있다. 그 후 영흥사지는 전흥륜사지(F)로 인식되던 1980년 이전[44]과 달리 새롭게 추정되기 시작하였고, 국립경주박물관에서 펴낸『경주유적지도』에 표기되기에 이른다[45].

그 결과 추정영흥사지는 대중국 교통로상에서 볼 때 금교를 지나 왕성으로 들어 올 경우 처음 맞이하는 사찰이 되며 전흥륜사지(F)와 인접하고

---

42 『삼국사기』신라본기 진흥왕 10년조.
43 국립문화재연구소, 1981,『문화재』14호, 문화재관리국, 286쪽.
44 전흥륜사지인 경주공업고등학교일원은 일제시대이래 경주역사가 있던 자리이다(고유섭, 1975,『한국탑파의 연구』(동화예술선서), 동화출판공사, 53쪽).
45 국립경주박물관·경주시, 1997,『경주유적지도』, 36쪽.

사진 5 추정 영흥사지출토 석물(국립경주박물관)

있어 경우에 따라서는 흥륜사로도 추정이 가능하게 된다. 즉, 전흥륜사지 (F)가 흥륜사라는 결정적인 증거가 없는 상황에서는 인접하고 있는 두 사지 모두 추정 대상이 되는 것이다. 따라서 이 사지의 창건연대를 밝히는 문제에 대해 지속적인 관심이 요구된다. 다만 발굴과정에서 확인된 석조 물들은 이중주좌가 마련된 원형의 초석들과[46] 건물 계단 좌우에 설치되는 소맷돌 1매 그리고 옥개석의 층급받침이 3단인 석탑재 등인데 모두 8~9세기의 것으로 추정된다. 그러나 아직까지 발굴보고서가 간행되지 않아 창건연대를 단정하기는 어렵다.

그런데『삼국유사』아도기라조에서 영흥사의 위치를 언급한 三川岐는

---

46   東潮·田中俊明, 1988,「韓國の古代遺蹟」(新羅篇), 中央公論社, 160쪽에 소개된 전영 흥사지의 사진에는 초석이 완연하게 확인되고 있다.

사진 6 추정흥륜사지 출토 석물(경주공고)

⁴⁷ 의미로 보아 南川과 西川 또는 麟川과 大川(毛良川)이 합류하는 지점 부근으로 생각된다. 이 경우 추정영흥사지(G)가 자리한 곳을 삼천기로 보기에는 거리가 먼 까닭에 국립경주박물관의 추정은 재검토의 여지가 있다. 따라서 추정영흥사지(G)는 아도화상이 머물렀던 곳에 창건된 '王城西里'의 엄장사이거나 흥륜사와 인연이 깊었던 김현이 서천변에 창건한 호원사일 가능성이 높으며, 영흥사지는 남천과 서천이 합류하는 곳에 최근에 발견된 일명사지(L) 부근으로 추정된다⁴⁸.

---

47 二日三川歧(今永興寺. 與興輪開同代).
48 최민희선생(경주문화원 향토문화연구소 연구위원)에 의하면, 수년전 일명사지(L) 일원
    에서 이중의 원형주좌가 마련된 초석 수점이 확인되어 사진촬영을 한 바 있다고 증언

III. 조선시대 문집과 『신증동국여지승람』

1. 흥륜사

　고려시대 흥륜사에 관한 저간의 사정은 고종 31년(1244)에 眞靜國師 天에 의해 쓰여진 興輪寺大鍾銘幷序에서 확인된다. 이 내용에 의하면, 흥륜사는 1244년 이전에 오랑캐에 의해 불타버린 절터에 다시 불당을 세우고 범종을 주조하였다고 한다[49]. 따라서 흥륜사는 6년전인 1238년 몽고군의 경주 칩입시 황룡사와 같이[50] 화재를 입어 사찰이 전소된 듯하다. 이 점은 최근 흥륜사지의 일부분으로 추정되는 경주공업고등학교 부지 (F) 서남쪽 모서리를 발굴한 결과 통일신라시대 와당과 함께 고려시대 건

하였다. 물론 현재까지 정식으로 보고된 바는 없으나 『삼국유사』 기록과 일치하는 지점이어서 사지의 존재와 더불어 영흥사지일 가능성은 충분하다.

49　허흥식, 1995, 『진정국사와 호산록』, 민족사, 274~277쪽.

50　① 蒙兵至東京燒黃龍寺塔(『고려사』 권제23 세가23 고종 25년 윤4월). ② 高宗十六年戊戌冬月西山兵火塔寺丈六殿宇皆災(『삼국유사』 탑상제4 황룡사구층탑조).

물지가 노출됨으로서 가능성이 재확인되기도 하였다[51].

그러나 몽고침입으로 인한 전소 후 6년만에 세워진 건물은 이전과 같은 규모의 가람이 되지 못한 것으로 보인다. 그 결과 조선전기인 15세기에 이르면 이미 흥륜사는 폐허만 남게 되었다.

조선전기의 흥륜사 상황에 대해서는 조선 세조때의 매월당 김시습이 남긴『遊金鰲錄』과 성종대에 간행된『신증동국여지승람』경주부의 고적조가 자세하게 알려준다. 김시습은 경주에 머무는 6년동안 신라시대의 유적과 사찰들을 답사하였는데, 이미 마을과 보리밭으로 변해버린 흥륜사를 둘러본 다음 아래와 같이 노래하였다.

라. **보리 점점 빼어나서 옛 터전을 둘렀으니**	麥秀漸漸擁故墟
사인의 공업이 결국 어디 있단 말인가	舍人功業竟何居
지금까지 닭과 개는 재죽에 떠들었으니	至今鷄犬喧齋粥
그것이 곧 당시의 불경을 외우는 것인지	便是當時誦佛書
돌구유 困을 만나 鑊辭도 뜨거운데	石槽遇困鑊辭炎
전각의 남은 터는 마을로 변했구나	殿閣餘墟化里閭
풍속 낡아 중에 주고 중이 도로 속세에 주니	俗古施僧僧施俗
윤회하며 덕 갚음도 또한 싫어함이 없으라	輪回報德亦無嫌

(김시습, 「흥륜사지」, 『매월당시집』제12권)

마. 흥륜사는 경주부 남쪽 2리에 있다.

(『신증동국여지승람』경주부 고적조)

51　경상북도문화재연구원·경주시, 2001, 『경주시 사정동 459-9번지 수습발굴조사보고서』, 24-25쪽.

사진 7 동경관

『신증동국여지승람』은 당시의 사찰현황에 대해서는 두 항목으로 나누어 기록하였는데, 법등이 이어지고 있는 사찰은 '佛宇'조에 기록하고 이미 廢寺가 되어 遺址만 남기고 있는 사찰들은 '古蹟'조로 분류하였다. 그런데 흥륜사는 고적조에 포함되어 있으며, 위치를 "경주부 남쪽 2리에 있다"라 하였다.

조선전기의 상황을 기록한 위 내용은 두 가지 측면에서 주목된다. 하나는 두 기록 모두 흥륜사가 이미 폐허가 되었다는 사실을 전하고 있다. 이 점은 당시까지도 법등을 이어가고 있던 까닭에 불우조에 포함된 영묘사지 관련자료와의 비교를 통해서 흥륜사의 위치에 대한 또 다른 추론이 가능하다. 다음은 흥륜사가 고적조에 속해 있으면서 경주부와의 거리를 '남쪽 2리'로 하고 있다는 점이다. 이는 앞서 살핀 바와 같이 미추왕릉과 금교의 소재를 통해서 추정이 가능하던 흥륜사의 위치에 대해 조선시대 경

사진 8 추정 흥륜사지

주읍성내의 객사를 기준으로 하는[52] 또 하나의 근거가 마련된 셈이다. 따라서 세 가지 조건을 만족하는 공간에 흥륜사가 위치하게 된다. 특히 객사와의 거리는 서천과 전미추왕릉 사이에 다수의 사지가 존재하고 있음을 감안하면 중요한 내용이 아닐 수 없다.

먼저 경주부와의 거리를 살펴보자. 이때 경주부의 기준점은 읍성내의 객사였던 東京館(A)이 된다. 동경관의 정확한 위치는 경주시 동부동 현 경주경찰서 동편 舊敎育廳 자리이다[53]. 1950년초 동경관을 헐어 동편으로 이전시키고 교육청이 들어선 것이다. 이곳으로부터 남쪽 2리의 거리에 있는 절

---

52 객사는 관용 여행자들이 머무는 숙소이기도 하지만 거리를 잴 때는 기준점이 된다(안길정, 2000,『관아이야기』1권, 사계절출판사, 105쪽).

53 황재현, 1995,「동경관의 어제와 오늘」,『경주문화』창간호, 경주문화원, 98쪽.

터는 어느 곳인가를 살펴야 할 것이다. 현재 동경관의 남쪽에서 확인되는
절터를 중심으로 도상에서 직선거리를 확인해보면, 동경관과 흥륜사지로
추정되는 경주공업고등학교(F)까지 1.2km, 동경관으로부터 추정영흥사지
(G)까지는 1.5km, 동경관으로부터 전영묘사지(H)까지는 2km이다. 그런데
1리는 360步의 거리를 말한다. 1보는 6척이며, 대체로 1척은 30cm내외이
다. 따라서 1보는 180cm내외이며, 1리는 648m내외이다. 이 경우 2리는 약
1,296m내외로 경주공업고등학교(F)일원이 가장 근접해 있음을 알 수 있다.

또한 『신증동국여지승람』 경주부에서 동쪽과 남쪽 5리에 있다고 명기
된 유적들을 찾아보면, 문천(남천)·남정수·알영정(J)·오릉(J)·월성
(I) 등이다. 이들은 모두 남천변에 있는 유적들로서 현재 그 위치가 정확
하다. 따라서 남천변에 인접해 있는 전영묘사지(H)가 흥륜사라면 '興輪
寺在府南五里'로 기록되었을 것이다.

2. 영묘사

오늘날 천경림 흥륜사로 일반에게 널리 알려진 전영묘사지(H)의 위치
와 관련하여 확인되고 있는 고려시대의 『삼국유사』 및 조선전기의 자료
들은 다음과 같다.

바. 신라의 京都 내에는 일곱 곳의 절터가 있는데…다섯째는 沙川尾에 있
    다(지금의 靈妙寺인데 善德王 을미년에 비로소 개창되었다).

                                              (『삼국유사』 홍법제삼 아도기라조)

사. 영묘사는 **경주부 서쪽 5리**에 있다. 당나라 정관 6년에 신라의 선덕왕

이 창건하였다. 불전은 3층으로서 건물구조의 기본형태가 특이하였다. 신라때의 불전이 한 둘이 아니었으나, 다른 것은 다 무너지고 헐어졌는데, 이 불전만은 홀로 완연하여 어제 세워진 듯 하였다.

(『신증동국여지승람』 경주부 불우조)

아. 세 조정의 문물은 결국 공이 없지만 三朝文物竟無功

하늘 맑아 구름 한가함은 어제 오늘이 같네 天淨雲閑今古同

지은 지 일천년에 인간 세상 바뀌었고(세운지 이미 9백여년 되었다)

締構千年人換世(創已九百餘年)

흥망 백대에 풀만 하늘에 닿을 듯 하여라 興亡百代草連空

월성의 연수에 아지랑이 걷혔는데 月城煙樹收殘靄

문수의 갠 물결 가는 기러기 보내누나 蚊水晴波送去鴻

어디가 가장 객의 한을 더할 만한 곳인가 何處最堪添客恨

무너진 담 봄비에 풀이 무성하여라 壞垣春雨草芄芄

(김시습, 「登靈廟寺浮圖-唯一木浮圖獨存」, 『국역매월당집』)

자. **옛 절이 관도에 접해 있어** 우뚝한 그 높이 만길이나 되겠구나

古刹臨官道嵬峩高萬丈

집마루는 구름가는 밑이요 모서리는 해일의 위에로다

棟宇行雲低甈稜海日上

선제는 안개 속에 깃들고 금방은 노을에 숨겨 있다

宿霧栖璇題流霞隱金牓

요사채는 하늘 밖에 열려 있고 풍경소리 공중에 울리는데

綺寮天外開風鐸空中響

황금 빛 부처 몸은 해무리에 더욱 밝다 赫赫金仙軀綵暈光滉朗

사면 벽에는 청홍의 채색으로 인천을 그렸는데 四壁絢青紅人天繪衆像

아름다운 휘장과 일산은 가득하게 모여 있다.　珠幢與寶盖浸瀁集坌埃

내 잠시 그 가운데 흘겨보니 그 짜임새가 사람을 미혹하네

我暫窺其中結搆迷俯仰

이는 인력으로 불가능한 일이라 감탄이 절로 난다　謂非人力施感歎起遐想

옛날 선덕이 사신하여 불사를 지나치게 숭상하니

善德昔司晨事佛過崇奬

나무 한 그루에 백금을 허비하고 주춧돌 하나에 만강을 소모했다

一木費百金一礎捐萬鏹

경영이 이에 이르니 국고가 어찌 온존하리　經營乃至此不恤傾帑藏

부처의 힘을 빌려 불법의 세계를 넓히려니　欲借迦維力普沾世界廣

어찌 원성이 없겠는가 백성의 복리는 안중에도 없었도다

豈無怨咨聲福利竟(目+莽)曠

병화 천년에도 홀로 우뚝하게 서서 용상을 보호하니

劫火千載餘歸然護龍像

당시의 조시가 모두 비었지만 신기한 그 솜씨는 칭찬할만 하구나

當時朝市空鬼功嗟可賞

손꼽아 정관년 돌아보며 한 번 손바닥을 두드린다

屈指貞觀年臨風一拊掌

(曺偉,「靈廟寺」,『梅溪集』)

차. 구름사다리 타고 최고층까지 돌아 올라라　雲梯回上最高層

　　자비의 은혜 일찍이 못 본걸 한할 것 없네　莫恨慈恩見未曾

　　손으로 용마루 잡으니 북두성도 딸만하고　手接飛甍堪摘斗

　　몸은 어두운 벽 뚫고 가니 노끈으로 묶고파라　身穿暗壁欲縻繩

　　시름 연기는 침침하여 삼신산이 희미하고　愁煙曖曖迷三島

지는 해는 아름다워 **오릉**이 말끔하구려 　　　　　　　　 落日亭亭淡五陵

머리 돌려 일천년의 사직을 생각하노니 　　　　　　　　　 回首一千年社稷

종소리만 절로 전각의 모서리를 흔드누나 　　　　　　　　 鐘聲只自撼觚稜

　　　　　　　　　　　　　　　　 (金宗直,「登靈妙浮圖」,『佔畢齋集』)

　영묘사가 화재로 폐사되는 시기는 조선 중종 10년(1515)이다[54]. 따라서 위 내용들은 영묘사가 법등을 이어가던 시기에 해당한다. 그 가운데 위치와 관련하여 주목되는 부분은 남천의 끝자락을 의미하는 沙川尾와 古刹臨官道·月城·蚊水·五陵 등이다. 즉, 사천의 끝과 官道에 임하여 있다는 것은 영묘사의 위치를 구체적으로 가리키고 있으며, 영묘사에서 바라보이는 월성과 문수 그리고 오릉은 영묘사 주변의 역사적 환경을 표현하고 있어 중요하다.

　먼저 사천이 남천을 의미하는 것임은『삼국유사』원효불기조를[55] 통해 이미 논증된 바 있다[56]. 또한 경주지역에서 남천의 모래와 관련하여 여러 가지 이야기가 전해지는데 그 가운데 八怪의 하나인 '蚊川倒沙'는 유명하다[57]. 따라서 영묘사는 남천의 끝자락이자 서천과 합류하는 지점 그 언저리에 위치하고 있음을 알 수 있다.

54　八百年餘佛殿灾 東京舊物返黃埃 人言吾道從玆盛 經閣如何亦共灰(去年十二月 成均館 尊經閣 亦火故及之)(權撥(1478~1548),「慶州靈妙寺灾吟」,『沖齋集』). 위 내용을 보면, 영묘사는 화재로 소실되었으며, 영묘사 화재에 한 해 앞선 12월에 성균관의 존경각이 불탔음을 알 수 있다.『중종실록』에 의하면 성균관 존경각의 화재는 중종 9년(1514) 12월 2일에 있었다(김원주, 1999,「성덕대왕신종명」,『성덕대왕신종조성기념강연요지문』(12월 14일), 경주박물관회, 21쪽).

55　…已自南山來過蚊川橋(沙川 俗云车川 又蚊川 又橋名楡橋也)….

56　김원주, 1983,「사적 제15호 흥륜사지는 영묘사지의 잘못」,『천고』51호, 신라문화동인회, 3~5쪽.

57　권오찬, 2000,『신라의 빛』, 경주문화원, 477쪽.

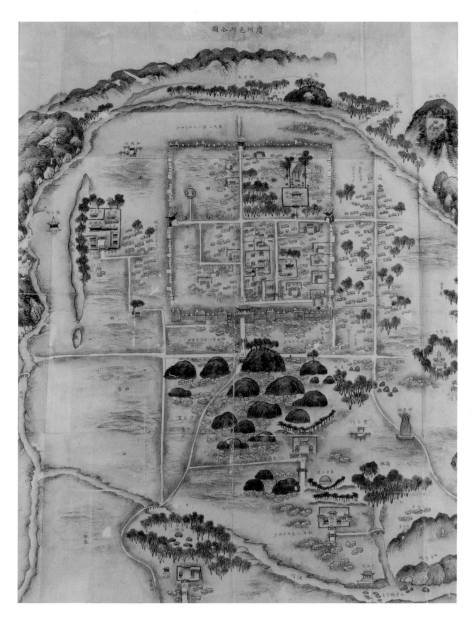

사진 9 경주읍내전도(1798)

다음은 曺偉(1454~1503)가 언급하고 있는 '영묘사가 조선시대의 官道에 임하여 있다'는 사실이다. 이 점은 앞서 언급한 '경주읍내전도'에서 보다 명확해진다. 비록 조위의 생존기간과는 300년 뒤이지만 조선시대 경주지역의 관도는 변함이 없었을 것이다. 당시 관도는 경주읍성 - 건천 - 영천 - 대구를 경유하는 것과 경주 내남 - 봉계 - 언양읍성으로 이어지는 것을 생각해 볼 수 있다. '집경전구기도'를 참고할 경우 언양으로 향하는 관도는 오릉북편에 이르기까지 두 갈래의 길이 확인된다. 먼저 읍성 남문에서 시작된 관도는 봉황대(125호분) 서북편의 종각에 조금 못미쳐 다시 서쪽으로 이어진다[58]. 서쪽으로 가던 관도는 노서동고분군이 끝나는 지점에서 다시 방향을 바꾸어 남쪽으로 연결되는데[59] 그 길이 바로 오릉 서북편으로 직결되고 있다[60]. 다음은 봉황대 서북쪽의 종각으로부터 노동동고분군과 노서동고분군 사이를 지나 황남동을 경유하면서 오릉 북편으로 연결되고 있다. 그런데 영묘사지는 오릉 북쪽에 있는 교량 북편의 두 도로 사이에 위치하고 있었으므로, 오늘날과 비교했을 때 금성로 동편에 위치해 있는 전 영묘사지는 당시 두 길의 동편 또는 서편에 위치하고 있었음이 확인된다.

이처럼 영묘사의 위치에 대한 주변정황은 조선시대의 시문에서 드러난 바와 같이 영묘사의 목탑에 올라서면 바로 남쪽으로 인접하여 문천인 남천이 흐르고 그 너머로 오릉이 바라보이며, 동쪽으로 고개를 돌릴 경우 월성이 가까운 곳에 있음을 알게 된다[61]. 하지만 영묘사지로 추정된 바 있는 일명사지(C)에서는 위와 같은 표현이 불가능하다.

---

58 현재 봉황로와 원효로가 만나는 지점이다.
59 현재 원효로와 서성로가 만나는 지점이다.
60 현재의 금성로이다.
61 田中俊明, 1988, 「慶州新羅廢寺考(1)」, 『堺女子短期大學紀要』23號, 堺女子短期大學, 36쪽.

Ⅳ. 맺음말

　홍륜사의 위치가 혼란스럽게 된 것은 1910년대 경주지역에 있는 신라시대 절터들을 모로가 히데오(諸鹿央雄)이 조사하면서부터였다. 당시 경주시 사정동 국당리의 전영묘사지(H) 일원을 경주 사람들이 '興福員'·'興輪員'·'홍륜들'로 부른 까닭에 별다른 의심없이 홍륜들 내의 절터를 홍륜사지로 인식하게 된 것이다[62]. 즉 문헌에 기록된 홍륜사 관련기사에 대한 검토없이 결정된 것이다. 따라서 1934년 9월 경주시 사정동 국당리 전영묘사지(H)에서 수습된 신라 와당 가운데 '신라의 미소'로 유명한 인면문 와당 역시 홍륜사지 출토로 소개되었다[63].

　그 후 영묘사지가 홍륜사지라는 모로가 히데오(諸鹿央雄)의 견해는 나카무라 료헤이(中村亮平)[64]·후지시마 가이지로(藤島亥治郎)[65]·하마다 고사

62　諸鹿央雄, 1916,「新羅寺蹟考」, 경주인쇄소, 1쪽.
63　大坂金太郎, 1972,「新羅の人面瓦に就いて」,『朝鮮學報』65, 天理大 朝鮮學會, 137쪽.
64　中村亮平, 1929,『慶州之美術』, 藝艸堂, 175쪽.
65　藤島亥治郎, 1930,『朝鮮建築史論』, 116-117쪽.

사진 10 얼굴무늬 수막새

쿠(濱田耕作)·우메하라 스에지(梅原末治)[66]·오사카 긴타로(大坂金太郎)[67]·유석우[68]·진홍섭[69]·황수영[70] 등에 이르기까지 한번도 의심을 받은 적이 없었다. 그 결과 1971년 경주시 사정동 285-6번지 일원에 위치하고 있는 전영묘사지(H)에 사찰을 새로 짓고 사명을 '天鏡林興輪寺'라 칭하게 된다.

그런데 홍륜사지와 영묘사지 위치에 대한 의문 제기는 신라문화동인회 회원들이 1976년부터 영묘사명의 와당을 전영묘사지(H)에서 수습하면서부터이다[71]. 당시까지만 해도 영묘사지는 그 위치가 미상이거나 서천상의 일명사지(C)가 홍사준에[72] 의해 영묘사지로 주목받는 정도였다. 그런데 홍륜사지로 생각하고 있던 절터에서 1976년 영묘사명의 와당이 출토된 것이다. 따라서 당연한 것이지만 그 후 銘文瓦와 함께 문헌의 영묘사관련 기사를 정리 분석한 다음 영묘사지의

66 濱田耕作·梅原末治, 1934,『新羅古瓦の硏究』, 京都帝國大學, 47쪽.

67   大坂金太郎, 1937, 「慶州に於ける新羅廢寺址の寺名推定に就て」,『朝鮮』197호, 조선총독부, 82쪽.

68 유석우, 1971,『경주시지』, 경주시, 627쪽.

69 진홍섭, 1975,『경주의 고적』, 열화당, 85쪽.

70 한국불교연구원, 1982, 「홍륜사지」,『신라의 폐사 I 』, 일지사, 59쪽.

71 김원주, 1983, 「사적 제15호 홍륜사지는 영묘사지의 잘못」,『천고』51호, 신라문화동인회, 4쪽.

72 홍사준, 1962, 「신라 영묘사지의 추정」,『고고미술』제3권 6호(통권23호), 고고미술동인회.

위치 비정에 대한 최초의 본격적인 논의가 김원주[73]에 의해 제기되었다. 또한 그는 홍사준이 영묘사지를 추정하는데 『삼국유사』의 전불칠처가람에 관한 기사를 중심으로 찾지 않고 15세기의 『신증동국여지승람』 경주부 불우조의 '府西五里'에 의존한 것은 잘못이라 지적하였다. 그리고 그동안 홍륜사(H)로 전해오던 사지가 영묘사지라는 견

사진 11 영묘사명 기와편

해를 밝혔다. 그 후 대부분의 연구자들은 이를 따르고 있으며[74], 다나카 도시아키(田中俊明)에 의해 기왕의 논의를 넘지 않는 범위내에서 종합적으로 정리된 바 있다[75].

그 결과 1980년대부터는 홍륜사와 미추왕릉의 위치에 관한 기록을 근거로 현 경주공업고등학교(F)일원을 홍륜사지로 인식하게 된다. 그러나 문제는 그러한 결론조차 홍륜사의 위치와 관련된 자료들을 정확히 분석한 후에 얻은 것이 아니어서 그동안 홍륜사 위치에 대한 논의가 분분한 직접적인 원인이 되고 있다[76].

---

73 김원주, 1983, 「사적 제15호 홍륜사지는 영묘사지의 잘못」, 『천고』 51호, 신라문화동인회, 3~5쪽.

74 국립경주박물관, 1989, 『국립경주박물관』(도록), 42쪽 ; 이강근, 1998, 「경주문화재에 대한 재인식」(신라 최초의 절 홍륜사를 중심으로), 『경주문화』제4호, 경주문화원, 60~61쪽 ; 박방룡, 1999, 「성덕대왕신종의 내력」, 『성덕대왕신종』(종합논고집), 국립경주박물관, 110쪽.

75 田中俊明, 1988, 「慶州新羅廢寺考(1)」, 『堺女子短期大學紀要』23號, 堺女子短期大學, 7~11쪽.

76 전영묘사지가 위치하고 있는 주변을 '홍륜들'로 불러오고 있는 점으로 미루어 부정적으로만 볼 수 없다는 견해도 있다(김복순, 1996, 『신증동국여지승람역주-불우~고적-』,

※ 한글요약문

신라 최초의 사찰인 흥륜사의 위치가 혼란스럽게 된 것은 1910년대 경주지역에 있는 신라시대 절터들을 일본인들이 조사하면서부터였다. 당시 그들은 경주시 사정동285-6번지일원의 전영묘사지를 흥륜사지로 단정짓게 된다. 그러나 1976년 영묘사명의 와당이 전영묘사지 일원에서 수 점이 수습되면서부터 흥륜사지 및 영묘사지 위치에 대한 의문이 제기되었다. 그 결과 흥륜사지로 불리웠던 전영묘사지는 寺名을 되찾게 되었으나, 흥륜사지의 위치를 확인하는 노력은 없었다. 다만 "미추왕릉은 흥륜사의 동쪽에 있다"라고 하는 『삼국유사』의 기록에 의존하여 흥륜사의 위치를 경주공업고등학교일원으로 인식하고 있었다. 따라서 본고는 고려 및 조선전기의 관련 기사들에 등장하는 미추왕릉 및 금교 등의 문제를 종합적으로 검토하면서 현 경주공업고등학교일원이 흥륜사지임을 증명하고자 하였다.

補記

본고가 탈고된 이후 경주시 사정동일대 경주공업고등학교일원에 대한 발굴조사가 이루어져 그 내용의 일부를 정리하여 보충한다.

경주공업고등학교에 대한 발굴조사는 운동장 가장자리 배수구 설치 공사계획에 따라 국립경주박물관에 의해서 2008년 6월 이루어졌다. 발굴조사는 배수구가 설치될 구간에 국한되어 이루어졌으며, 조사결과 건물지 적심과 함께 기와무지 등의 유구확인과 인화문 토기, 연화문 막새, 명문 기와 등이 출토되었다.

『신라문화』 13집, 동국대 신라문화연구소, 241쪽 ; 정구복외, 1997, 「흥륜사」, 『역주삼국사기3』 주석편(상), 한국정신문화연구원, 112쪽의 註81).

출토유물을 분석한 결과, 이 일대에 유적이 형성되기 시작한 시기는 대체로 6세기 전반부터로 추정하고 있으며, 그 중심시기는 8~9세기로 추정하였다[77]. 출토유물 가운데 주목되는 부분은 6세기 전반으로 편년이 가능한 고식 연화문와당이 출토되었다는 점이다. 이러한 와당은 백제의 영향하에 만들어진 것으로, 신라 불교수용과정의 초기 사찰이 존재할 가능성이 높은 지역이라 할 수 있다[78].

흥륜사 창건에 대한 문헌기록으로 보아 흥륜사는 법흥왕 14년(527)에 시작되어 진흥왕 5년(544)년에 완성되었다고 볼 수 있다. 이러한 문헌기록과 함께 유적에서 출토된 와당의 편년을 보았을 때 고고학적인 편년과 문헌기록이 대체로 일치하는 것으로 현 경주공업고등학교일원이 흥륜사로 추정된다.

또 유적에서 출토된 명문기와 가운데 '王興…'자가 새겨진 일부 편이 수습되었으며, 이러한 명문기와는 '大王興輪寺'의 일부로 추정할 수 있을 것이다. 물론 출토유물 가운데는 '….寺'자의 명문기와도 포함되어 있어 다른 사찰명으로 볼 가능성도 있다.

이 밖에도 경주공업고등학교 운동장의 남서모서리와 인접한 경주시 사정동 459-9번지에 대한 발굴조사에서도 적심건물지가 조사된 바 있으며, 이를 문헌기록과 함께 검토하여 흥륜사와 관련지은 논고가 발표되기도 하였다[79].

김경동 (재)계림문화재연구원 학예연구실장 작성

---

77 국립경주박물관, 2011,『경주공업고등학교내 유적 수습조사』

78 보고문에서는 백제식의 제작기법을 가진 와당에 대한 명칭을 흥륜사식와당으로 명명하고 있다. 주1)의 보고문 pp170~179.

79 이재경, 2002,「사정동건물지와 흥륜사지」,『신라문화』제20집.

2

경주 천관사지

Ⅰ. 머리말

천관사지는 왕궁인 월성에서 월정교를 건너 鮑石亭으로 가는 중간지점에 위치하고 있으며, 중요 유적인 都堂山 土城·傳仁容寺址·靈廟寺址·傳五陵·曇巖寺址·四祭寺址 등이 이웃하고 있다. 그리고 천관사를 중심으로 하는 남산 서북록 일대는 신라시대 왕족들의 주거 공간인 梁部 또는 沙梁部로 추정되기도 한다. 이처럼 주변 정황에서 알 수 있듯이 천관사지는 신라 왕경의 중심부에 위치하고 있다. 이러한 천관사의 창건연기에 관한 설화는 李仁老(1152~1220)의 『破閑集』에 실린 후 널리 알려졌는데, 일반적으로는 신분상 娼妓였던 천관녀가 김유신과의 이루지 못한 사랑을 원망해 세웠다는, 또는 그녀를 위해서 김유신이 훗날 창건한 사찰이라는 것이다[1]. 다시 말하면 천관사 창건의 동기는 창건주가 김유신이건 천관녀든 두 남녀의 이루지 못한 사랑이 사무친 결과라는 것이다. 그러나 한편으로는 천관사의 역사적 성격이 두 남녀의 悲戀으로 창건된 개인의 원찰과는 무관한 것이며, 천관의 실체는 창기가 아닌 여제사장이라는 견해가 있다. 기녀에게 천관이라는 이름을 붙이기는 어렵다는 것이다[2].

따라서 천관사가 신라의 왕위계승에도 관여한 국가적 사찰임을 시사하는 『삼국유사』 원성대왕조는 주목된다. 단순히 내용면에서 보면, 김유신과 천관녀의 사연을 기록한 『파한집』과 『삼국유사』 원성대왕조에 등장하는 천관사에 관한 두 이야기는 상호보완적인 것이 아니라 대립적인 것처럼 보인다. 즉, 어느 내용을 신뢰하느냐에 의해 천관사의 역사적 성격은 정반대의 결과가 예상된다. 기왕의 견해처럼 김유신장군과 천관녀의 비련에서 사찰 건립의 원인을 찾고 나아가 천관녀라는 여인의 극락왕생을 기원하는 願刹로 이해할 것인가 아니면 원성왕의 즉위과정에서 확인되듯이 왕실과 깊은 관계를 유지하고 있었던 국가적 사찰인가 하는 문제이다.

따라서 본고는 지표조사 및 발굴과정에서 수습된 유물을 살펴봄으로서 천관사의 寺格을 이해하고자 한다. 이러한 작업은 경주지역 사찰들에서 확인되는 불교문화와의 비교연구를 통해서 가능할 것이다. 그 결과는 천관사가 과연 누구에 의해 운영되었는지를 밝히는 중요한 증거가 될 것이다. 나아가 이를 바탕으로 관련 문헌자료들과 연계시킴으로서 천관사의 역사적 성격은 어느 정도 밝혀질 것으로 기대된다.

---

1 김동현, 1992, 「천관사지」, 『문화재대관』 사적편(증보), 한국문화재보호협회, 152쪽.
2 김태중, 2000, 「천관사」, 『함께 보는 경주시정』 5월 25일, 경주시청.

Ⅱ. 출토유물의 성격

현재 경주지역의 신라시대 사찰들은 전승과정에서 寺名이 잘못 전해진 것이 상당수 존재하는 까닭에 여기서 우리는 천관사의 위치문제를 살펴볼 필요가 있다. 따라서 傳天官寺址에 대해서 정확한 것인지 아니면 여러 정황으로 미루어 후대의 전승과정에서 와전되었을 개연성이 다분히 내포되어 있는지를 살펴야 할 것이다.

천관사의 위치에 대해서 『삼국사기』와 『삼국유사』는 관련 기록을 남기지 않았으나, 조선 성종대에 간행된 『신증동국여지승람』 경주부 고적조는 '오릉의 동쪽'임을[3] 분명히 하고 있다. 그리고 古蹟條에 속해 있으므로 조선 초기에 이미 廢寺 되었음을 알 수 있다. 그런데 고려 중기의 관료인 李公升·李仁老 등이 경주 천관사를 방문한 후 남긴 詩文이 문집에서 확인된다. 그러므로 조선초기 이전에 비록 廢寺 되었지만 경주 사람들은 김유신과 천관녀에 대한 이야기와 함께 천관사지를 기억하고 있었을 가능

---

3 天官寺在五陵東(『신증동국여지승람』 경주부 고적조).

사진1 남산 서북록과 천관사지

성이 높다. 따라서 현재의 傳天官寺址는 『신증동국여지승람』의 기록과
오릉 동편의 전답 가운데 있는 탑지 및 논두렁에 있던 석조물 그리고 초
석 등에 의거해서 추정한 것이다[4]. 현재 오릉 동편 천원마을 주변에서는
천관사지 이외의 다른 寺域은 확인되지 않고 있다.

한편, 최근의 천관사지 발굴과정에서 '昌林寺' 명의 와당이 출토되어 주
목된다[5]. 그 결과 '창림사' 명의 와당이 발견된 곳은 창림사지와 천관사
지 두 곳이 되었다. 두 사지간의 거리는 약 1Km 정도인데, 과연 어느 곳

---

4 한국불교연구원, 1974, 「천관사지」, 『신라의 폐사 Ⅰ』, 일지사, 84~87쪽 ; 윤경렬, 1993,
   「천관사」, 『경주남산-겨레의 땅 부처님의 땅』, 불지사, 35~37쪽.
5 국립경주문화재연구소, 2001, 「경주 천관사지 발굴조사 지도위원회 및 현장설명회 회의
   자료」, 11월 13일, 17쪽.

이 창림사인가를 밝혀야 한다. 그런데
창림사를 증명하는데는 명문와당뿐 아
니라 여러 가지 정황 증거가 필요하다.
예를 들면, 『신증동국여지승람』 경주부
고적조의 기록에 등장하고 있는 金生의
글씨로 된 비문(8세기 후반)의 존재와
추사 김정희가 세상에 전한 '昌林寺無垢
淨塔記'가 출토된 9세기 중엽 문성왕대
에 조성된 석탑의 존재 등이 그것이다.
그런데 남산 서록의 현 창림사지에는 김
생이 쓴 비문을 세웠을 쌍두귀부와 9세

사진 2 창림사명 기와편

기의 석탑부재가 잔존하고 있으며, '창림사' 명의 와당이 다수 출토되고
있다. 따라서 창림사가 분명한 것으로 생각된다[6]. 그렇다면 천관사지내
에서 출토된 '창림사' 명 와당은 인근에 위치한 까닭에 후대에 이동된 것
으로 추정할 수 있다. 특히 창림사의 창건시기가 8세기 전반인 점을 감안
하면 후술하는 바와 같이 천관사가 8세기말~9세기초 중창할 무렵에 이
동된 것일 가능성이 높다.

　한편, 기왕의 연구에서도 천관사지의 위치를 긍정한 견해만 있었던 것
은 아니다. 특히 김동윤은 전오릉의 피장자로 인식되고 있는 혁거세왕·알
영부인·남해왕·유리왕·파사왕 등의 재위기간이 전오릉의 고고학적 상
황과 시대가 맞지 않다는 견해[7]를 받아들임과 아울러 천관사지의 石塔材가
통일신라 이후에 제작되었을 것이라는 추정을 이유로 현재의 위치를 부정

6　小場恒吉, 1940, 『慶州南山の佛蹟』, 朝鮮總督府, 13~19쪽.
7　이근직, 1987, 「신라 왕릉관계 기사의 검토」, 『경주사학』5집, 동국대학교 국사학회.

사진 3 창림사지

하였다[8]. 그러나 필자의 전오릉과 관련된 견해는 천관사의 위치를 언급한
『신증동국여지승람』기록의 신뢰에는 아무런 영향을 미치지 않는다. 그 이
유는 전오릉의 피장자가 혁거세 등으로 인식되기 시작한 시기는 통일신라
말 또는 고려초로 추정되기 때문이다. 다시 말하면 조선전기 이전에 이미
전오릉의 피장자를 혁거세 등으로 인식하고 있었던 것을『신증동국여지승
람』에서는 역사적 사실로 받아들여 그대로 인정한 후 기록한 것이다. 따라
서 오릉을 중심으로 천관사의 위치를 명기한『신증동국여지승람』의 기록은
전오릉의 피장자 문제와 관계없이 정확한 기록이라 할 수 있다.

　다음은 천관사지에 남아 있는 석탑재가 신라시대의 것이 아니라는 판

8　김동윤, 1992,「新羅 天官寺 小考」,『中岳志』제2호, 영남문화동우회, 103쪽.

사진 4 경주고등학교 정원 석물

단이다. 그런데 이는 사실과 다르다. 후술하는 바와 같이 사지에 남아 있는 석탑재는 조각의 완성도 및 양식의 특징 등으로 보아 통일기인 8세기 말 또는 9세기초에 제작된 것임을 알 수 있다. 즉, 천관사의 위치를 부정할 만한 근거는 없는 것이다. 또한 최근 발굴과정에서 수습된 '天'銘의 와당은 이러한 가능성을 높이고 있다. 그러므로 지금부터는 지표조사 및 발굴과정에서 수습되어 공개된 유물을 중심으로 제한적이나마 천관사의 寺格을 살펴보기로 한다.

그동안 천관사지에서는 지표조사를 통해 '智比'銘 瓦片과 '大太角'銘의 석편 그리고 八部衆像 등이 수습되었으며[9], 현재 사역내의 논두렁과 석탑

---

9 국립경주박물관, 1995, 『경주남산』(특별전도록), 40쪽.

지 등에는 塔材 및 석등의 연화대석 그리고 초석 등이 산재해 있다. 또한 천원마을에는 천관사로부터 주민들에 의해 옮겨진 것으로 추정되는 석재들이 다수 확인되고 있으며 최남주의 증언에 의하면[10] 절터의 석재와 초석들은 현 경주고등학교 정원으로 이동되었다[11].

그리고 최근까지 진행된 발굴결과에 의하면, 금동여래입상(1점), 弧燈을 하고 있는 馬形土偶(1점), 角杯(1점), 鐙子(1점), '天' 및 '昌林寺'銘 와당, 와전류, 토기류, 청자편 등이 출토되었다[12].

이러한 유물 가운데 주목되는 것은 국립경주박물관에 소장되어 있는 '習比'명의 平瓦와 6엽단판 古式瓦當 그리고 각배의 존재이다. 이들은 그 연대를 7세기로 올려 볼 수 있는 것들이다. 즉, 관련 문헌 기록이 남아 있지 않는 상황에서 천관사의 창건 시기를 추정할 수 있는 유물은 수습된 토기와 와당뿐인 것이다. 현재 '習比'銘의 평와당은 그 제작시기에 대해 8~9세기[13] 또는 통일신라[14]로 소개되고 있다[15]. 그러나 경주지역에서는 기와의 제작지를 나타내는 '漢只伐部' 또는 '習部'와 '習比'라는 명문이 찍혀 있는 瓦塼은 월성과 안압지 등에서 출토되고 있는데[16], 모두 통일초기인 7세기 중엽으로 추정되고 있다.

---

10 윤경렬, 1993, 『겨레의 땅 부처님의 땅』, 불지사, 37쪽.

11 경주고등학교 정원에 놓여 있는 다수의 석재 가운데 어느 것이 천관사지에서 옮겨 온 것인지는 알 수 없다. 그러나 정원에 놓여 있는 석탑재를 비롯한 석조물은 층급받침과 규모 그리고 조각의 정도 등으로 미루어 대부분 9세기로 편년된다.

12 국립경주문화재연구소, 2001, 「경주 천관사지 발굴조사 지도위원회 및 현장설명회 회의자료」, 11월 13일, 15~17쪽 참조.

13 국립경주박물관, 1995, 『경주남산』(특별전도록), 40쪽.

14 국립경주박물관·경주세계문화엑스포조직위원회, 2000, 『新羅瓦塼』, 352~355쪽.

15 국립경주박물관측의 이러한 연대관은 昌林寺 無垢淨塔願記에 의해 창림사의 창건시기를 문성왕 17년(855)으로 생각하고 있기 때문이다.

16 국립경주박물관·경주세계문화엑스포조직위원회, 2000, 『신라와전』, 352~355쪽.

안압지에서 출토된 보상화문전돌 가운데 '調露二年漢只伐部君若小舍…三月三日作康'의 명문전이 하나 있는데, 제작시기를 뜻하는 調露 2年은 문무왕 20년(680)에 해당한다. 이로 미루어 대체로 7세기 중엽에는 제작된 곳의 部名을 와전에다 명기하는 것이 보편적인 현상이었을 가능성이 높다. 그런 반면에 7세기중엽 이후의 유물 가운데 部名이 새겨진 와당은 현재까지 출토되지 않고 있다. 따라서 '習部' 명 평와의

사진 5 동궁과 월지 출토 습부명 기와편

존재는 김유신이 활동한 7세기 중엽경으로 올려 볼 수 있겠다. 또한 와전에 部名을 명기하고 있음은 그 생산지가 官窯의 성격을 내포하며, 이러한 와전이 공급될 수 있는 사찰이 대부분 왕실과 밀접한 관련이 있었던 점도[17] 천관사의 성격을 이해하는데 도움이 되고 있다.

다음은 동국대학교 박물관에 소장되어 있는 天官寺址 동편 출토의 '大太角'銘의 石片이다. 석편은 담홍색을 띤, 높이 16cm, 폭 12cm, 두께 3~8cm이며, 글자의 크기는 7.5cm로, 용도는 정확하지 않으나, 명문의 大太角은 김유신이 받은 바 있는 太大角干이라는 관직명과 관련이 있는 것으로 짐작된다[18]. 그리고 이러한 추정을 방증하는 것은 '大太角'의 書體가 懸針篆이라는 사실이다. 현침전은 5세기대 北魏에서 유행하였는데[19], 현

---

17 김유식, 2000, 「7~8세기 신라기와의 수급」, 『기와를 통해 본 고대 동아시아 삼국의 대외교섭』, 국립경주박물관, 233쪽 「표 1」 참조.

18 황수영, 1985, 「太大角石片」, 『한국금석유문』, 일지사, 60쪽.

19 정병모, 2000, 「新羅 書畵의 對外交涉」, 『신라미술의 대외교섭』, 예경, 138~140쪽.

재까지 국내에서 발견된 현침전 제액은 부여 정림사 5층석탑 1층 몸돌 서편의 '大唐平濟碑'와 경주 태종무열왕릉비 螭首의 '太宗武烈大王之碑' 두 곳뿐이다. 이 두 비문은 모두 백제가 멸망하고 무열왕이 죽은 660년 또는 그 직후에 소정방과 김인문에 의해 쓰여진 것이다. 그리고 더 이상 발견된 예가 없으므로 7세기 중엽 이후에는 현침전으로 비의 제액을 쓰지는 않았던 것으로 생각된다.

따라서 660년을 전후한 삼국 통일전쟁기 비문의 제액은 현침전이 일반적인 경향이었음을 알 수 있다. 그리고 당시 대태각이라는 관직을 수여받았고 그것을 석비의 이수부분 제액에 현침전을 쓸 수 있었던 인물로 김유신을 생각할 수 있다. 이로 미루어 대태각 석편이 천관사 부근에서 출토된 것이 확실하다면 이는 천관사와 김유신장군과의 관련을 말해주는 또 하나의 자료가 될 것이다[20].

한편, 사지에는 8각형으로 된 석탑의 1층 屋身부분과 8각형 옥신괴임을 角形 2단으로 처리한 석탑 상층 기단부의 甲石 4매가 남아 있다[21]. 그리고 상층기단 면석이 한 개 남아 있는데 탱주 2개가 표현되어 있으며, 탱주와 탱주 사이에는 아무런 彫像이 없다. 따라서 석탑의 기단부와 옥신부분에 아무런 彫飾을 하지 않는 전형적인 감은사 석탑의 형식임을 알 수 있다. 다만 기단부 또는 1층 탑신 가운데 하나가 8각형인 석탑을 살펴보면 대체로 그 시기는 9세기로 편년되고 있다. 예컨대, 동일한 계통과 연대관을 가진 석탑으로는 경주 석굴암 3층석탑·철원 도피안사 3층석탑을

---

20 그러나 대태각 석편은 문무왕의 명으로 김유신묘역에 세워진 묘비의 일부분이 뒷날 어떤 이유로 해서 천관사지 부근으로 옮겨진 것인지, 또는 김유신에 관한 또 하나의 비문이 김유신묘역 이외의 지역에 세워진 것인지에 대해서는 확실하지 않다.

21 불상대좌의 지대석으로 추정하기도 한다. (윤경렬, 1993, 『겨레의 땅 부처님의 땅』, 불지사, 35쪽.

사진 6 천관사지 석탑 부재

들 수 있다. 이들 두 석탑은 석굴암 본존 대좌의 형식을 빌어 상하층 기단부를 8각 또는 원형으로 한 다음 상층 기단부의 중대석을 8각형으로 처리한 점이 주목된다. 그런데 석굴암 3층 석탑은 9세기로, 도피안사 3층 석탑은 大寂光殿내 철조비로자나불상이 조성된 경문왕 5년(865)과 같은 시기로 보고 있다[22]. 즉, 상하층 기단부와 갑석 또는 옥신의 일부분을 8각형으로 처리하는 석탑양식의 성립은 9세기의 새로운 경향으로 생각된다.

마지막으로 주목되는 유물은 석탑의 상층기단부 면석에 사용되었을 천관사지 출토의 팔부중상이다. 현재 국립경주박물관[23]과 동국대학교 박물

22　진홍섭, 1997, 「통일신라시대 특수양식의 석탑」, 『신라·고려시대 미술문화』, 일지사, 365
　　~366쪽.
23　국립경주박물관, 1995, 『慶州南山』(특별전도록), 40쪽.

사진 7 천관사지석탑 팔부중상
(국립경주박물관소장)

관에 소장되어 있는 2기의 팔부중상이 천관사지 출토로 전해지고 있다[24]. 제작시기는 8세기중엽[25] 또는 8~9세기의 조각으로[26] 편년되고 있다. 그러나 앞서 살펴본 사지내의 탑재는 팔부중상과 관련이 없는 것으로 밝혀졌다. 상층기단 면석이 한 개 남아 있는데 탱주 2개가 표현되어 있으며, 탱주와 탱주 사이에 팔부중상이 조각되어 있지 않기 때문이다[27]. 이 경우 우리는 팔부중상의 출토지로 천관사가 아닐 가능성과 함께 사역내 미발굴지역에서 추가로 석탑지를 확인해야만 한다[28].

그러나 국립경주박물관 및 동국대 박물관이 소장하고 있는 팔부중상의 출토지가 천관사가 정확하다면, 우리는 경주지역 팔부중상이 조각된 석탑의 분포현황 및 그러한 사원들의 성격을 살펴볼 필요가 있다. 현재까지 왕경인 경주지역에서 팔부중상이 확인되는 사찰은 천관사외에 6개 사찰이다. 예컨대, 남산 서록의 昌林寺址와 四祭寺址, 오릉 남쪽의 曇巖寺址, 동

---

24 신용철, 2000, 「경주 남산 창림사지 삼층석탑의 연구」(석탑의 편년과 팔부중상의 성립), 동국대학교 미술사학과 석사학위청구논문, 65쪽.
25 신용철, 2000, 앞글, 圖53과 圖83.
26 국립경주박물관, 1995, 『경주남산』(특별전도록), 40쪽.
27 국립경주문화재연구소, 2001, 「경주 천관사지 발굴조사 지도위원회 및 현장설명회 회의자료」, 11월 13일, 9쪽 석탑부재 실측도 참고.
28 유물카드에 의하면, 국립경주박물관 안압지전시관 동편 정원에 전시되어 있는 팔부중상(유물번호 11978)은 1930년 10월 10일자로 국가에 귀속되었다. 그리고 藤島亥治郎이 1930년에 작성한 신라왕경복원도에는 천관사지가 오늘날과 같은 위치에 분명히 표기되어 있으므로 출토지가 잘못 기록될 가능성은 적어 보인다.

남산의 南山洞寺址, 외동읍 말방리의
崇福寺址, 현곡면 하구리절터[29]이다.
이 경우에도 창림사지에는 복원된 삼
층석탑과 이 보다 규모가 적고 시기가
늦은 삼층석탑 1기가 더 있으며 두 곳
모두 팔부중상이 조각되어 있었다. 현
재 후자의 석탑 기단부를 장식하였을
팔부중상이 조각된 면석 3매는 조선총
독부에 의해 옮겨져 국립경주박물관이
소장하고 있다[30].

사진 8 천관사지석탑 팔부중상
(국립경주박물관소장)

창림사는 신라 왕경내 사원 가운데 팔부중상의 기원지이며, 8세기 중
엽에 창건된 것으로 추정되는데[31] 無垢淨塔願記에 의하면, 창건 후 1세기
경 뒤인 855년에 제46대 문성왕이 직접 진신사리를 두 번째 석탑 안에 봉
안하였다[32]. 담암사는 통일신라시대 前佛七處伽藍의 하나로 왕경에서 가
장 신성시되던 사찰이었다[33]. 남산리 사지는 문헌자료가 없어 알 수 없으
나 불국사의 가람배치를 계승하여 동서로 서로 다른 이형의 쌍탑을 세운
가람이다. 숭복사는 원성왕릉의 조영과 관련하여 왕실에서 직접 창건한
사찰이며, 헌강왕은 이러한 사원의 창건에 관한 모든 내용을 적은 비문을

29 장남식, 1962, 「팔부중상의 조각석 일례」, 『고고미술』 3권 1호(통권18호), 고고미술동인회.
30 小場恒吉, 1940, 「慶州南山の佛蹟」, 朝鮮總督府, 도판21 참고 ; 국립경주박물관, 1995,
    『경주남산』(특별전도록), 44쪽.
31 신용철, 2000, 「경주 남산 창림사지 삼층석탑의 연구」(석탑의 편년과 팔부중상의 성립),
    동국대학교 미술사학과 석사학위청구논문
32 최연식, 1992, 「창림사 무구정탑지」, 『역주한국고대금석문』 제3권, 가락국사적개발연구
    원, 326~331쪽.
33 『삼국유사』 제3 홍법 아도기라조.

최치원에게 찬하도록 지시할 만큼 중요하였다[34]. 따라서 왕경내의 수많은 사원 가운데 팔부중상을 탑상의 일부분으로 갖고 있는 사원은 소수에 그치고 있으며, 사격 또한 매우 높았음을 알 수 있다.

그런데 천관사 팔부중상은 창림사 및 담암사에 뒤이어 제작된 것으로 추정되고 있다[35]. 즉 팔부중상이라는 새로운 도상이 8세기 중엽 신라에 수입되어 왕경의 사찰에서 제작되기 시작하는데, 천관사가 왕실의 원찰인 창림사와 前佛七處伽藍의 하나였던 담암사의 뒤를 잇고 있다는 점이다. 이러한 현상은 천관사의 寺格이 매우 높았음을 방증해 주는 증거인 것이 분명하다. 또한 최근의 연구성과에 의하면, 팔부중상이 조각된 석탑을 조성한 사찰들은 왕실 및 귀족들의 원찰이거나 화엄종과 관련이 깊다고 한다[36].

따라서 천관사는 '습부'라는 명문 와편과 고식와당 그리고 각배 등으로 미루어 보아 7세기 중엽에 창건된 후 8세기말 9세기초를 전후한 시기에 기존의 사역내에다 팔부중상이 조각된 석탑과 8각형의 탑신을 가진 두 기의 새로운 불탑을 건립하는 등 중창의 시기가 있었던 것으로 보인다. 또한 천관사지 부근에서 발견된 '대태각'이라는 석편은 황수영의 추정처럼 천관사와 김유신과의 관련성이 사실로 받아들여질 가능성이 높다. 결과적으로 보면, 천관사지에는 '女隷' 또는 '娼妓' 등으로 표현될 만큼 신분이 비천한 여인이 창건한 가람과는 어울리지 않는 유물들이 수습되거나 현재 남아 있음을 볼 수 있다.

---

34 정병삼, 1992, 「숭복사비」, 『역주한국고대금석문』 제3권, 가락국사적개발연구원, 248~275쪽.

35 신용철, 2000, 「경주 남산 창림사지 삼층석탑의 연구」(석탑의 편년과 팔부중상의 성립), 동국대학교 미술사학과 석사학위청구논문, 76쪽.

36 조원영, 2000, 「신라 하대 팔부중상연구」, 『부산사학』39집, 부산사학회, 63쪽.

사진 9 재매정지

한편, 천관사지와 관련하여 주목되는 곳이 김유신의 古宅으로 전하는 財買井이다. 이들은 남천을 사이에 두고 남북으로 마주보고 있다. 이렇듯 김유신과 인연이 깊은 두 유적이 서로 인근에 위치하고 있음은 일반적으로 역사적 사실인양 받아들여지는 원인을 제공하고 있다[37]. 그러나 전재매정지는 천관사지의 존재와 관련하여 김유신에 대한 顯彰事業의 일환으로 19세기 이후에 비정된 것일 가능성이 높다[38]. 이러한 추정은 재매정과

37 정재훈, 1996, 「재매정과 천관사터」, 『문화의 산길 들길』, 화산문화, 243~248쪽
38 발굴결과 전재매정지는 35개소나 되는 금입택의 하나로 추정되는 재매정으로 보기 어려움과 혹 관련기록과 전승과정을 믿는다면 이를 벗어난 미발굴지인 동편이나 서편일 가능성이 있으며, 또는 전적으로 처음부터 재매정지에 대한 위치비정이 잘못되었을 가능성이 제기되고 있다(국립문화재연구소, 1996, 『재매정지발굴조사보고서』, 188쪽).

관련된 기록이 18세기 이전에는 전혀 확인되지 않는 것에 근거한 것인데, 현 재매정지가 김유신의 생가로서 고려 및 조선전기에 지속적으로 경주인들에게 알려졌다면 관련기록에 누락되지 않았을 것이기 때문이다. 다만 김유신이 善德王 14년(645) 3월에 백제를 정벌하러 갈 때 집 앞을 지나면서도 들리지 않고 집 우물의 물을 가져오게 하여 마셨다는 것으로[39] 미루어 월성의 서편, 즉 백제로 가는 이동로상에 그의 집이 있었던 것으로 추정할 수 있을 뿐이다.

후자일 가능성이 높다.

39 『삼국사기』 권제41 열전 김유신 상.

III. 사원의 성격

지금까지는 천관사가 신라 왕경내에서 매우 격이 높은 사찰이었음을 살펴보았다. 그리고 이러한 추정이 사실이라면 천관사의 성격을 규명할 필요성이 제기된다. 이를 위해 천관사와 인연을 맺고 있는 金庾信과 金敬信이 주목된다. 즉, 『파한집』과 『삼국유사』의 관련기록을 통해 김유신과 천관의 관계 및 천관의 신분 그리고 김경신의 왕위계승과정에서 천관사의 역할이 무엇이었는지를 밝혀야할 것이다.

1. 김유신과 천관녀

김유신과 천관녀의 사연을 언급한 자료는 고려 명종때의 李仁老가 지은 설화문학집인 『파한집』이다. 이후 조선 성종대의 『신증동국여지승람』 경주부 고적조 그리고 1669년 경주에서 간행된 『동경잡기』 불우조 등은 이를 전재하고 있다. 『파한집』에는 천관사에 대한 이인로의 기록과 함께 李公升(1099~1183)이 경주의 천관사를 방문한 후 지은 詩가 같이 게재되어 있다. 그 가운데 이공승의 시는 김유신과 천관사와의 관련성을 언급한 최초의 자료로 주목된다.

A. 이공승의 시에, 절 이름 천관은 옛 사연이 있는데, 홀연히 그 유래를 들으니 처연하다. 정 많은 공자가 꽃 아래에 놀았더니, 원망을 품은 아름다운 여인이 말 앞에서 울었네. 말은 유정하여 도리어 옛길을 알았는데, 유신은 무슨 죄로 부질없이 채찍을 더했던고. 다만 남은 한 곡조의 가사가 묘하여 두꺼비와 토끼가 함께 잤다는 말 만고에 전하네. 천관은 그녀의 이름이라[40].

B. 김유신은 계림인인데 업적이 눈부시었음은 國史 가운데 널리 알려져 있다. 김유신이 젊었을 때 어머니인 만명부인는 날마다 엄한 가르침을 더하여 交遊함에 잊지 말도록 하였다. 하루는 천관의 집에 머무르게 되었다. 만명부인은 얼굴을 마주하며 말하기를 "나는 이미 늙었다. 주야로 너의 자라남을 바라보고 있다. 공명을 세워 君親의 영광이 되어야 하거늘 지금 너는 술을 파는 아이와 함께 娼房에서 유희를 즐기며 술자리를 벌이고 있구나" 하면서 울기를 그치지 아니하였다. 김유신은 즉시 어머니 앞에서 스스로 맹세하기를 "다시는 그 집 앞문을 지나지 않겠다"고 하였다. 하루는 피로에 지쳐 술을 마신 후 집으로 돌아오고 있었다. 김유신이 탄 말은 옛길을 따라서 잘못하여 倡家에 이르고 말았다. 김유신은 한편으로는 기쁘고 또 한편으로는 원망스러웠다. 천관이 눈물을 흘리면서 나와 맞이하였다. 그러나 공은 이미 깨달은 바가 있어

---

40 『破閑集』卷中 天官寺.

타고 온 말을 베고 안장은 버리고 되돌아왔다. 천관이 원망하는 노래를 한 곡 지었는데 지금까지 전하고 있다. 경주에 天官寺가 있는데 즉 그 집이다[41].

이공승과 이인로의 생존시기로 미루어 보면, 천관사의 창건 연기설화의 성격을 띠고 있는 김유신장군과 천관녀에 관한 이야기는 고려초기 이래 널리 전파되었던 것으로 보인다. 그런데 이들 내용에는 두 사람의 인연만 노래하고 있을 뿐이다. 즉, 위 내용들을 면밀히 살펴보면, 김유신과 천관녀가 만나 인연을 맺고 있는 시기, 천관사의 창건시기, 창건주가 누구인지 등에 대해서는 구체적인 정보가 없다. 그러니까 김유신이 말의 목을 베고 천관녀의 집을 떠난 뒤 그 집이 사찰로 변모되기까지의 과정이 생략되어 있다. 이 점은 천관녀가 스스로 집을 희사하여 사찰로 하였다든가, 또는 훗날 김유신이 천관녀를 가련히 여겨 그 집터에 절을 세워서 천관녀의 넋을 위로하였다고 하는 내용은 정황으로 미루어 짐작한 것에 불과하며 문헌적으로 전혀 근거 없음을 발견하게 된다.

또한 이 설화는 김유신을 王京人이 아닌 雞林人으로 표기한데서도 알 수 있듯이 12세기말 또는 13세기초 이인로에 의해 기록으로 남게 된 것임을 알 수 있다. 즉, 오늘날 당대의 자료인양 이용하고 있는 이 설화는 사실 고려시대에 작성된 것이며 사실성이 많이 결여된 2차 자료인 것이다. 따라서 김유신 사후 기록으로 남게 되기까지의 500여 년이라는 기간은 구전과정에서 이들 주인공의 성격이 많은 부분에서 변모되었을 가능성을 발견하게 된다.

---

41 『破閑集』卷中 天官寺.

그러나 『파한집』 이후 천관사와 관련된 자료들을 일별해 보면 앞에서 제시한 문제점을 규명하기보다는 모두 김유신과 천관녀라는 두 사람의 애절한 인연에만 관심이 컸음을 알 수 있다. 심지어는 이를 사실로 받아들인 후 『삼국사기』 김유신열전에 등장하는 軍勝이라는 庶子를 천관녀의 아들로 추정하기도 한다[42]. 즉, 후술하는 바와 같이 김유신과 천관녀와의 설화가 내포하고 있는 역사적 의미를 밝히는 작업은 없었던 것이다.

먼저 위의 사건이 전개되는 시기에 김유신의 나이는 어느 정도였을까? 이와 관련해서 살펴보면 다음과 같다. 우선 꾸지람을 하고 있는 어머니인 萬明夫人이 늙었다는 점과 김유신이 아직 立身揚名하기 이전이라는 내용이 주목된다. 김유신은 진평왕 17년(595)에서 태어나서 35세 되던 해인 진평왕 51년(629) 처음으로 고구려 娘臂城 전투에 부장군의 신분으로 참전하여 전공을 세우게 된다[43]. 따라서 천관녀와의 인연은 김유신의 나이 35세 이전에 있었던 일로 추정할 수 있다. 또한 그가 35세에 공을 세운 낭비성전투는 김용춘과 아버지 서현과 함께 한 전투였다. 즉, 두 가문의 결속 결과 김유신이 낭비성전투에 참여하게 되는 것은 아닐까? 즉, 20세 전후한 시기부터 35세에 이르기까지 김유신의 행적에 관한 기록이 전무한 점과 갑자기 35세에 부장군으로 등장하고 있는 점은 그러한 정치적 상황과 관련되어 있는 것은 아닌가 하고 의심하게 한다. 그렇다면 김유신의 나이 30세 전후에서 변화가 있었던 것으로 생각할 수 있다. 즉, 이 시기에 김유신은 천관과의 밀월기간을 거쳐 단교로 이어지는 시기를 보냈을 것이다. 따라서 김유신의 출생 당시 만명부인의 나이가 20세 전후라고 가정하면 만명부인의 나이는 50세 전후이기는 하나 '늙었다'는 표현이 가능함을 알 수 있다.

---

42 한국불교연구원, 1974, 「천관사지」, 『신라의 폐사 I』, 일지사, 87쪽
43 『삼국사기』 신라본기 진평왕 51년조.

다음은 과연 천관이 倡妓였을까? 하는 점인데,『파한집』에는 그녀의 신분과 역할에 대한 정확한 표현이 있어 주목된다. 김유신이 하룻밤 유숙한 곳은 女隷家인데 그녀는 屠沽小兒이며 그곳에서 행해지는 일들이 遊戱·淫房·酒肆인 것이다. 다시 말하면, 여자 노예의 집이며, 그녀는 술을 파는 아이일 뿐만 아니라 주로 유희와 술 그리고 淫房 등을 행한다는 것이다. 이를 오늘날 관점에서 보면 천관녀의 신분은 의심할 바 없이 창기인 것처럼 보인다.

그런데『삼국사기』열전에 의하면, 김유신은 일찍이 진평왕 21년(611) 17세의 나이로 中岳의 石窟에서 수도하다가 難勝이라는 노인을 만난 뒤 一統三韓의 비법을 전수하였다. 그리고 다음 해에 다시 열박산으로 들어가 기도하면서 말하기를 "天官께서는 빛을 드리워 보검에 영험함을 내리소서"라 하였다[44]. 이 부분은 어떤 형태로든 '천관'이라는 실체가 사실상 김유신과 인연이 있음을 보여주는 대목이라 할 수 있다. 그런데 이때의 천관은 여인이 아니라 神의 이름으로 등장한다는 사실이다.

중국의 경우 천관의 역사적 실체는 다양하다[45]. 첫째, 중국 周나라 때는 六官의 하나이며 총재에 해당한다. 요즈음의 국무총리격이다. 둘째, 後漢에서는 천자를 섬기는 관리를 의미하였다. 셋째, 천문을 관측하던 관리이다. 넷째, 道家의 三官神 가운데 하나이다. 모두 娼妓와는 거리가 먼 주요 관직이자 神인 것이다. 따라서 학계에서는 두 가지 견해가 제시되어 있다. 첫째, 地官·水官과 함께 道家에서 말하는 三官神의 하나로 보는 설이다. 이 경우 정월 15일을 上元이라 하여 천관이 하늘에서 지상으

---

44   建福二十九年 鄰賊轉迫 公愈激壯心 獨携寶劍 入咽薄山深壑之中 燒香告天祈祝若在中嶽 誓辭仍禱 天官垂光 降靈於寶劍 三日夜 虛角二星光芒赫然下垂 劍若動搖然 (『삼국사기』열전 김유신).

45   諸橋轍次, 1984,『大漢和辭典』권제3(수정판), 大修館書店, 478쪽.

로 하강하는 날이라고도 한다[46]. 둘째, 별 중의 큰 별을 의미한다고 한다[47]. 김유신의 경우 천관은 후자에 가깝다. 왜냐하면『삼국사기』열전에는 김유신이 열박산에서 천관에게 기도하자 3일째 되던 밤에 인간의 생명과 벼슬을 관장하는 虛星과 인간의 형벌과 군사를 관장하는 角星으로부터 빛이 보검에 드리워졌다는 기록이 있기 때문이다. 허성과 각성이 천관의 실체인 것이다. 그렇다면 천관사는 하늘의 별자리를 관찰하던 관원으로서의 천관이 있었던 사찰로 여겨진다.

그러면 열박산에서의 천관의 실체가 왜 천관사에 오면 천관녀라는 여성으로 변모하여 전혀 다른 내용으로 등장하는 것일까? 다시 말하면 김유신이 열박산에서 천관에게 행한 기도와 전혀 무관한 또 다른 양상으로 전개되는 천관녀와 천관사에 얽힌 이 설화의 역사적 성격이 무엇인지 의문이다. 당시 천관사의 천관이 여성일 가능성은 없는가. 이와 관련하여 신라는 始祖廟에서 조상신에게, 神宮에서 天神에게 제사를 지내는데, 이때 祭儀를 주관한 자가 여성이었음을 상기할 필요가 있다. 또한 천관사 인근의 남산 서북록에는 天恩寺址와 四祭寺址가 있는데, 하늘 및 제사와 관련이 깊은 사찰이었다[48]. 따라서 천관사 역시 이들 사찰들과 동일한 기능을 수행하던 사찰로 생각된다.

만일 그렇다면 천관녀는 술을 팔면서 음방을 운영하는 창기가 아니라 天運을 살피는 자로서 日官 및 海官과 같이 왕을 위해 정치적 자문을 행한 중요한 인물로 보인다. 이 경우 오히려 김유신과 천관의 인연은 자연

---

46 이병도, 1977,『국역삼국사기』, 을유문화사, 617쪽 ; 이강래옮김, 1998,『삼국사기 II』, 한길사, 752쪽의 註6 참조.

47 정구복외, 1997,『역주삼국사기4』주석편(하), 한국정신문화연구원, 652쪽 註 44.

48 최광식, 1995,「新羅 上代 王京의 祭場」,『신라왕경연구』(신라문화제학술회의논문집16집), 동국대 신라문화연구소·경주시 신라문화선양회, 80쪽.

스러운 양상으로 전개될 수 있을 것이다. 하지만 그는 취중의 자신을 천관에게 인도한 말을 목베었으며, 나아가 천관과의 인연을 끊었다. 천운을 살피던 자와 단교를 결심한 것이다. 그 결과 그는 입신양명할 수 있었다. 반대로 이야기하면 천관과의 인연은 그의 장래를 결정하는데 중대한 장애요소로 작용한 것이 분명하다. 즉 그러한 상황의 변화는 김유신의 행보에 중대한 변수로 작용한 것임을 알 수 있다. 따라서 천관과의 단교는 김유신에게 있어 매우 중요한 의미를 갖고 있음이 분명해 보인다.

김유신의 일대기를 살펴보건대, 그의 생애에서 결정적인 사건은 아마도 아버지인 김서현과 무열왕의 아버지인 김용춘과의 결속일 것이다. 두 사람의 인연은 자식들에게 그대로 이어져 김유신과 김춘추는 비담과 염종의 난을 평정하는 것을 계기로 신라 中代 武烈王權을 탄생시키게 한다[49]. 즉, 어느 시기부터인지 정확하지는 않으나, 그는 진평왕·선덕왕·진덕왕·비담·염종·알천 등으로 대표되는 정통세력과 일정한 거리를 두면서 김춘추를 중심으로 하는 신흥세력과 손을 잡고서 권력의 전면에 나서게 된다. 다시 말하면 왕위계승과 밀접한 세력과는 거리를 두었으며, 한편으로는 반대세력과 손을 잡은 것이다. 그러한 전환의 시기에 일어난 사건을 은유한 것이 천관녀와 김유신이라는 사건으로 변모되어 전승된 것은 아닌가 한다. 이러한 추정이 가능하다면, 천관은 종교적 직능자로서 권력의 상층부와 연계되어 있었으나 김유신 가문이 김춘추 가문과 결속하여 독자적 행보를 시작하면서부터 그동안의 밀월관계가 결렬되었음을 의미하는 상징적인 사건으로 볼 수 있다. 그 이후 천관사는 무열계와 정치적 성격을 달리 하였던 세력들과 연계되어 있었을 가능성이 있다. 관련자료의

---

49 신형식, 1984, 「김유신가문의 성립과 활동」, 『한국고대사의 신연구』, 일조각, 249-250쪽.

한계가 있기는 하지만, 다음 장에서 살펴보는 바와 같이 그 점은 무열계가 왕권을 잡은 중대에는 천관사가 중요한 역할을 수행하지 않았으나 반대세력이었던 나물왕계인 김경신이 전면에 등장하는 것과 궤를 같이 하여 그 역할이 새롭게 부각되고 있어 더욱 그렇다.

2. 원성왕과 천관사

앞서 살핀바와 같이 天官이라는 이름이 하늘의 천문과 관련됨을 알 수 있었는데 이를 방증하는 내용이 『삼국사기』 신라본기 원성왕 즉위년조와 『삼국유사』 원성대왕조에 기록되어 있어 주목된다. 두 관련기사는 원성왕의 즉위과정이 순탄치 않았음과 그러한 난관을 극복하는데는 6두품 세력 및 천관사 등의 도움이 있었음을 보여주고 있다.

A. 선덕왕이 돌아가고 아들이 없으므로 群臣은 後嗣를 의논하여 왕의 簇子 周元을 세우려 하였다. 주원은 그 집이 서울 북쪽 20리 되는 곳에 있었는데, 때마침 큰비가 와서 閼川의 물이 불어 주원이 건너오지 못하니, 혹자는 말하기를, '人君의 큰 자리는 본래 人謀로 되는 것이 아니다. 오늘의 暴雨는 하늘이 혹시 주원을 세우지 못하게 하려 함이 아닌가. 지금 上大等 敬信은 前王의 아우로 덕망이 본래 높고 人君의 자격이 있다'고 하였다. 이에 衆議는 만장일치하여 그를 세워 王位를 계승케 하니 얼마 아니하여 비가 그쳐 나라 사람들이 다 萬歲를 불렀다.[50]

---

50 『삼국사기』 신라본기 원성왕 즉위년조.

B. 이찬 金周元이 처음에 首席 宰相으로 있을 때에 왕은 각간의 지위로 그의 차석 자리에 있었다. 왕이 꿈에 머리에 썼던 두건을 벗고 흰 갓을 쓰고 손에 12현금을 잡고 天官寺 우물 속으로 들어갔다. 꿈을 깨어 사람을 시켜 점을 쳤더니 점쟁이가 말하기를 "두건을 벗는 것은 관직에서 쫓겨날 조짐이요 12현금을 잡은 것은 칼을 쓸 조짐이요 우물에 들어간 것은 옥에 들어갈 조짐이외다" 하였다. 왕이 이 말을 듣고 매우 걱정하여 문을 잠그고 출입을 하지 않았다. 이 때에 아찬 餘三이 와서 배알하겠다고 연락했으나 왕은 병으로 나가지 못하겠다고 사양하여 피했다. 두 번째 연락하여 말하기를 "꼭 한번만 뵙기를 바라나이다"고 하여 왕이 이를 승낙하였다. 아찬이 말하기를 "당신께서 지금 꺼리는 일이 무엇입니까?" 하고 물었다. 왕이 해몽 점친 사연이야기를 죄다 말했더니 아찬이 일어나서 절을 하고 말하기를 "이 꿈은 아주 길한 꿈이외다. 당신께서 만약 왕위에 올라가도 나를 버리시지 않으신다면 당신을 위하여 해몽을 하겠습니다" 하였다. 왕이 곧 좌우를 물리치고서 해몽을 청하니 그가 말하기를 "두건을 벗는 것은 자기 윗자리에 사람이 없다는 것이요 흰 갓을 썼다는 것은 면류관을 쓸 조짐이요 12현금을 들었다는 것은 12대 손자에게 왕위를 전한다는 조짐이요 천관사 우물에 들어간 것은 대궐에 들어갈 조짐이외다" 하였다. 왕이 말하기를 "내 윗자리에는 주원이 있는데 어떻게 윗자리를 차지할 것인가?" 하니 아찬이 말하기를 "청컨대 비밀히 北川神에게 제사를 지내면 될 것입니다"고 하여 왕은 이대로 하였다. 얼마 안되어 선덕왕이 죽자 나라 사람들이 주원을 받들어 왕을 삼으려고 그를 대궐로 맞아들이려고 하였던 바 그의 집이 하천 북쪽에 있었는데 졸지에 냇물이 불어 건널 수가 없었다. 왕이 먼저 대궐로 들어가 즉위하니 김주원의 무리들도 모두 와서 여기 붙어 새로 등극한 임금에게 拜賀를 하였다. 이가 원성대왕이 되었으니 이름은 敬信이

요 성은 김씨이다. 대체로 좋은 꿈을 꾼 것이 들어맞은 것이다[51].

위 내용은 제38대 원성왕의 왕위계승 과정에 육두품인 아찬 餘三의 조언과 천관사가 개입되어 있다는 사실을 전해주는 설화이다. 따라서 당시 권력의 향방과 관련하여 천관사가 주목되어야 한다. 다시 말하면 천관사의 우물이 곧 왕위를 잇는 결정적인 통로임을 말하고 있어 권력의 이동과정에 어느 정도 기여하는 바가 있음이 느껴지고 있는 것이다. 이 점은 천관사의 역사적 성격과 관련하여 시사하는 바 크다고 할 수 있다. 그런데 원성왕의 즉위과정에 대한 기왕의 연구성과들은 왕위계승에 일정한 역할을 분담하고 있는 천관사에 대해서는 주목하지 않았다[52]. 그러나 제48대 경문왕의 즉위과정과 같이 사찰은 왕위계승에 결정적인 역할을 담당하곤 했다. 즉, 당시 興輪寺의 승려 範教師의 조언은 매우 중요했다고 할 수 있다[53]. 따라서 원성왕은 순탄치 않았던 즉위과정에서 천관사의 도움을 입었을 가능성이 크다.

그런데 위 사료에서 분명히 하고 있는 것은 원성왕의 즉위에 알천의 범람이 결정적 역할을 하였다는 사실이다. 그리고 그러한 알천의 범람이 가능하게 된 동기는 北川神에게 祭를 지낸 결과임을 명시하고 있다. 여기에서 '북천신에게 제사를 지낸 공간이 어디인가' 하는 것과 천관사의 우물로

---

51 『삼국유사』 기이제이 원성대왕조.
52 金壽泰, 1985, 「新羅 宣德王·元聖王의 王位繼承」, 『東亞研究』 6집, 서강대학교 동아연구소 ; 權英五, 1995, 「新羅 元聖王의 즉위 과정」, 『釜大史學』 19집, 釜山大學校 史學會 ; 金昌謙, 1995, 「新羅 元聖王의 卽位와 金周元系의 動向」, 『阜村申延澈敎授 停年退任紀念 史學論叢』, 논총간행위원회
53 『삼국사기』 신라본기 경문왕 3년 11월조 ; 『삼국유사』 권제2 기이 제2 제48대 경문대왕.

사진 10 알천(북천)

들어간 것이 왕위를 계승할 조짐이라는 부분에 대한 해석의 문제가 자연
스럽게 대두된다. 달리 말하면, 과연 천관사가 당대의 정치상황에서 어떠
한 위치에 놓여 있기에 이를 장악하는 것이 왕위에 오를 수 있는 중요한
요인 가운데 하나였는가 하는 점이다.

　여기에서 위의 내용이 의미하는 여러 가지 정황으로 미루어 천관사는 祭
祀空間일 가능성이 높아 보인다. 예컨대, 신라의 경우 국가적 어려움에 처
했을 때는 불교에 의지하곤 했는데, 가뭄이 심할 경우 高僧을 왕궁으로 초
청 또는 사원에서 祈雨祭를 올렸으며[54], 남산 식혜골의 四祭寺는 寺名으로

---

[54] 성덕왕 14년 6월 용명악거사를 초청하여 林泉寺에서 祈雨祭를(『삼국사기』 신라본기),
　　경덕왕대의 용장사 승려 태현은 왕궁에서 기우제를 지냈다(『삼국유사』 권제4 제5 의해
　　賢瑜珈 海華嚴).

보아 제사와 밀접한 관련이 있는 것이 분명하다. 특히 사제사는 寺號로 보아 단순한 사찰은 아니며, 계절마다 국가의 대사를 위해 제를 올린 사찰로 추정되는 것이다[55]. 이처럼 사원과 제사는 밀접한 관련을 맺고 있는데, 천관사 역시 북천신을 위한 제사를 거행하였던 공간이었을 가능성이 높다.

최근의 발굴결과에 의하면, 천관사의 가람배치는 고구려식의 一塔三金堂式과 백제식의 一塔一堂式 그리고 신라 통일기의 雙塔式 가람배치 가운데 그 어느 형태에도 속하지 않는 가람이라 할 수 있다. 즉, 천관사는 경주의 수많은 신라시대의 사원 가운데 기존의 상식을 벗어난 가람의 모습을 보였다. 그러나 특이한 건물배치와는 달리 금동여래입상의 출토, 석등 하대석, 석탑재의 존재 등은 이곳이 사원이었음을 증명하고 있다[56]. 따라서 사원이면서도 동시에 정형을 벗어난 가람배치를 하고 있음은 천관사의 성격이 일반적인 여느 사찰과는 달랐음을 보여주는 중요한 근거로 보여진다.

따라서 天官은『삼국사기』와『삼국유사』에서 확인되는 日官[57]과 海官[58]의 또다른 표현이거나 동일한 기능을 수행한 자일 가능성이 높다. 즉 천관은 왕의 정치적인 자문을 담당한 관리였던 까닭에 여인의 이름이 아닌, 天運을 살핀 샤먼 성격의 祭官으로 생각된다. 이러한 점은 신라사의 전개과정에서 중요한 고비마다 왕에게 정치적 자문을 해주던 老軀라는 존재와 연결된다고 할 수 있다. 이때의 노구는 豫知와 占卜을 행하는 여성

---

55 최광식, 1995,「新羅 上代 王京의 祭場」,『신라왕경연구』(신라문화제학술회의논문집 제16집), 경주시·신라문화선양회, 80쪽.
56 국립경주문화재연구소, 2001,「경주 천관사지 발굴조사 지도위원회 및 현장설명회 회의자료」, 11월 13일, 17쪽.
57 『삼국사기』열전 제10 궁예전.
58 『삼국유사』기이제이 서출지 및 만파식적조.

shaman으로 추정되고 있다[59]. 때문에 천관사는 천관이라는 관직을 소유한 자가 거주하던 사원이며, 이 점은 나아가 왕위계승에도 관여할 수 있는 위치에 서있었던 것은 아닐까 한다. 다만 이 경우에도 샤먼의 성격을 띤 제관으로서의 천관이 불교와 어떤 모습으로 서로 융화했는지는 의문이다.

결과적으로 천관사는 왕실과 밀접한 관계에 있었으며, 원성왕의 왕위계승에 깊이 관여하여 결정적인 영향력을 행사한 것으로 보인다.

---

59 최광식, 1981, 「삼국사기소재 노구의 성격」, 『史叢』25, 고대사학회, 9쪽.

Ⅳ. 맺음말

현재 천관사의 창건주에 대해서는 異見이 제기되어 있다. 먼저 일반적으로 알려져 있는 創建主는 김유신으로, 후일 삼국통일의 대업을 완성한 뒤 김유신이 자신을 그리워하다가 죽어간 천관녀를 위하여 그가 살던 집을 사찰로 만들었다는 것이다[60]. 이에 반해 천관이 김유신을 애타게 그리다가 죽은 뒤 누군가가 그녀의 영혼을 달래기 위해 혹은 그녀의 애절한 사연을 기리기 위해 그녀가 살던 집을 천관사라고 불렀다는 견해도 있다[61]. 즉 천관녀를 알고 있던 주변 인물이 창건주라는 이야기다. 그러나 사실 앞서 살핀 바와 같이 천관사를 누가 언제 창건했다는 관련 기록은 없다.

그런데 김유신이 열박산에서 천관에게 기도하고 있는 것과 원성왕이 된 김경신이 천관사의 우물로 들어가는 꿈을 꾼 후 왕위에 등극할 수 있었다는 점은 천관사가 신라 사회에 있어 일정한 역할을 수행하고 있었음

---

60 혹자는『신증동국여지승람』경주부 고적조를 인용하면서, (김유신이 말의 목을 베고 돌아간 이후) "천관은 늘 김유신을 그리워하다가 끝내는 목숨을 끊고 말았다. 훗날 삼국을 통일한 김유신이 사랑했던 옛 여인을 위하여 그녀의 집에 절을 세우고 천관사라 이름하였다" 라고 하였으나, 실지 원문에는 그러한 내용이 없다(한국불교연구원, 1974, 『신라의 폐사Ⅰ』, 84쪽).

61 김동윤, 1992,「新羅天官寺小考」,『中岳志』2호, 영남문화동우회.

을 시사한다. 아울러 출토되는 유물과 탑재의 일부분인 팔부중상의 존재로 미루어 한 비천한 신분의 여인이 사사로이 창건하였던 사찰은 될 수 없는 것이다. 또한 발굴결과는 천관사가 私家가 아닌 사찰의 규모를 갖췄음을 보여 주었다.

결과적으로 천관사는 창건주가 천관녀를 아는 주변인물 또는 김유신 장군을 사모한 한 여인의 극락왕생을 기도하던 개인의 사찰이 아니라, 국가에서 직접 경영한 사원일 가능성이 높다. 나아가 김유신이 인연을 맺었던 천관은 천운을 살피거나 국가차원의 제사를 주관하던 자 또는 女司祭로 이해하고자 하였다. 아울러 천관녀와 원성왕의 즉위를 돕던 천관사 관련기록은 상반되는 것이 아니라 부분적으로는 상호보완적인 성격을 갖고 있음을 알 수 있었다.

따라서 천관사는 지금까지 확인된 가람배치와 寺號 그리고 관련자료 등을 종합해 볼 때, 천운을 살펴 정치적 자문을 하던 기관 및 국가가 주관한 제사를 거행하던 사원일 가능성이 제기된다. 또한 무열계가 등장하는 시기에 김유신과 멀어졌다가 무열계가 몰락하는 시점에서 다시 재등장하면서 원성왕의 즉위를 돕고 있는 점으로 미루어 보아 중대에 있어 천관사는 권력과 일정한 거리를 두어야만 했었던 사원이었을 가능성을 높여 준다. 이 점은 현재까지 확인된 천관사의 유물에서도 어느 정도 확인되고 있다. 즉, 창건기로 추정되는 7세기중엽의 유물과 원성왕이 즉위하는 8세기말 이후로 편년되는 석탑재와 팔부중상 등으로 나누어지고 있으며, 중대인 7세기 후반부터 8세기중엽에 이르는 동안에 조성된 유물들은 확인되지 않는다.

그러나 천관사를 중심으로 전해오던 김유신과 천관녀에 관한 이야기는 당대의 역사적 사실과는 거리가 먼 것이 되고 말았다. 즉, 고려전기에 이르면 천관사가 행했던 여러 가지 정치적 사회적 기능들은 망각되고, 천관이 여자라는 존재만 인식에 남게 된 것이다. 이 후 천관녀에게 창기라는 새로운 신분이 부여되었으며, 그 결과 내용은 전혀 다른 방향으로 전개되었던 것으로 생각된다. 이와 비슷한 전승과정을 경험한 것으로 포석정을 들 수 있다. 포석정 역시 신라에서 국가적 성소였음에도[62] 불구하고 고려에 이르러서는 신라말 향락을 상징하는 장소로 기록에 남게 된 것이다. 그와 같이 천관사와 천관의 존재 역시 왜곡되어 일반에게 잘못 전해지고 있는 것이다.

천관사지는 1960년대만 하더라도 모두 밭이었는데, 70년대에 보문호가 완공되어 도당산 서편으로 수로가 놓이면서 논으로 경작되기 시작하였다. 때문에 절터의 대부분은 개간되어 지표상으로는 가람의 원형은 찾아보기가 어렵다. 그런데 寺域으로 추정되는 대부분이 2000년에 이르러 현 정부가 추진하고 있는 남산보존정비사업 5개년 계획의 일환으로 매입되었으며, 사역은 그 해 여름부터 국립경주문화재연구소에 의해 현재 발굴이 진행되고 있다. 그리고 1년여 기간동안 발굴이 진행된 결과로 미루어 보아 가람의 원형은 살아 있는 것으로 판단되며, 초석 등 지표상의 유구는 다소 교란되었음이 확인된다. 하지만 최종적인 가람배치와 창건연대 그리고 중창과 폐사 시기 등에 대한 최종 결론은 발굴 종료 후 출토유물을 종합적으로 고찰한 다음에야 가능할 것으로 보인다.

한편, 인도의 불교관련 성지 가운데 석가모니께서 열반하신 후 茶毘한 장소가 天冠寺임을 염두에 둘 필요가 있다. 사실 신라 왕경이었던 경주에는 6세기 전반의 불교전래 이후 다양한 부분에서 인도 지향적인 요소가 다수 확인되고 있는데 사찰 이름도 예외는 아니다. 예컨대, 불교교단의 두 번째 사원이었던 祇園精舍를 의식한 포석정 주변의 祇園寺와 함월산의 祇林寺의 경우 삼국시대 사찰이름으로는 대표적이라 할 수 있다.

---

62 강돈구, 1993, 「포석정의 종교사적 이해」, 『한국사상사학』4·5합집(천관우선생추모기념 논총), 한국사상사학회(서문문화사) ; 이종욱, 2000, 「포석정은 왕들의 놀이터가 아니었다」, 『월간중앙』12월호, 중앙일보사

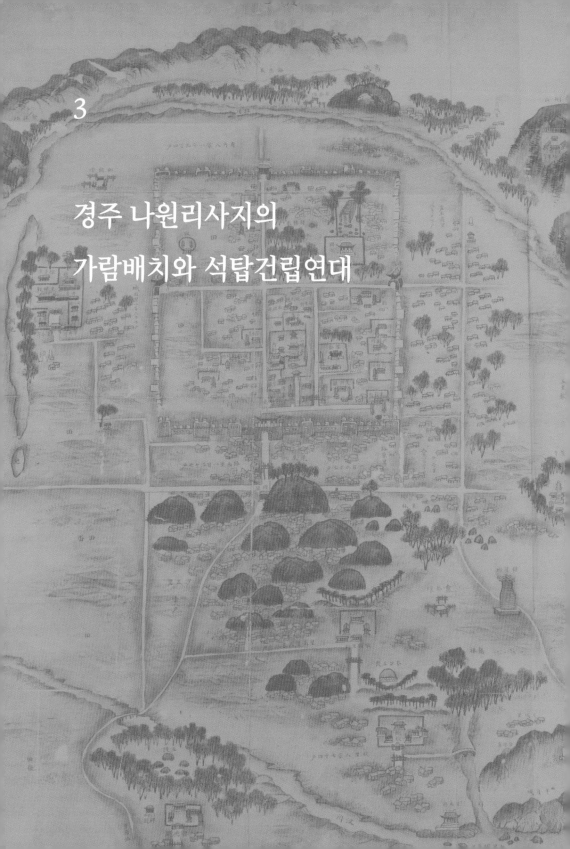

3

경주 나원리사지의
가람배치와 석탑건립연대

I. 머리말

　신라 왕성인 월성으로부터 북서쪽으로 약 7km 떨어진 왕경의 외곽지역인 경주 나원리 672번지 일대의 사지寺址는 동남향으로 형성된 계곡내에 위치한다. 사지는 전답으로 변해 있다. 일찍부터 난원사지蘭原寺址로 알려지고 있으나 신라시대 사명寺名은 확인되지 않는다. 다만 전하는 바에 의하면 신라 제41대 헌덕왕 때 대각사大覺師가 대각료大覺寮를 짓고 국운창달을 기원하던 곳이며, 이곳에는 보리림菩提林이 있었다고 한다[1]. 현재는 탑 남쪽 계곡에 1975년에 새로 세운 나원사羅原寺라는 작은 암자가 있는데, 사찰명은 마을이름에서 취한 것이다.

　최근에 이르기까지 주변의 대지에서 문무왕 19년(679)에 제작된 '의봉

---

1 김재식·김기문 편저, 1992, 『慶州風物地理誌』, 보우문화재단, 685쪽.

사진 1 나원리사지 원경

‘사년개토儀鳳四年皆土’명의 와당과 함께 통일신라시대의 문양기와가 출토되는 점으로 보아 오층석탑과 함께 통일신라시대에 창건된 사찰임을 알 수 있을 뿐이다. 따라서 현재로서는 창건시기와 폐사시기를 알 수 없다.

II. 가람배치와 성전사원 문제

    나원리 사지는 동쪽의 형산강을 바라보며, 금당이 동쪽에 있고 석탑은 금당 서편 언덕위에 조성되어 있다. 그리고 이와 같은 가람배치를 시기별로 살펴보면, 경주 낭산 황복사지, 경주 남산 창림사지, 경주 남산 국사골1사지, 경주 남산 양조암골 3사지 등이 있다[2]. 그리고 이러한 가람배치는 1970년대 경주 덕동댐에 수몰된 고선사지高仙寺址가 그 기원이다.

    한편 나원리 사지의 성격과 기능에 대해서 가장 강력한 주장은 통일신라 초인 신문왕 5년(685)에 창건된 사찰로 성전사원인 봉성사奉聖寺라는 견해이다. 그 근거로 가람배치와 사원의 위치를 주목했다. 즉 나원리 사지와 같은 가람배치형식은 신라의 성전사원과 밀접한 관련이 있으며, 성전사원의 성격 가운데 하나가 신라왕경과 지방을 연결하는 접점 또는 지방에서 왕경으로 들어오는 입구이자 왕경에서 사방으로 뻗어나가는 출발점에 위치하면서 국가의례를 거행하였을 것이라고 하였다. 그의 주장

---

2   김봉건, 1998, 「나원리 오층석탑의 주변 환경」, 『경주 나원리 오층석탑 사리장엄』, 국립문화재연구소, 11~16쪽.

에 의하면 나원리 사지는 동남 ↔ 서북방향에서 중대 성전사원 가운데 가장 사격이 높았던 사천왕사와 대척점에 놓여 있으며, 나원리 사지는 신라 왕경에서 안강 방면으로 연결된 관도의 길목에 설치된 사찰이라는 것이다[3].

따라서 나원리의 절터가 신문왕 5년(685)에 창건된 사원임을 증명하는 증거로 제시한 가람배치의 특징을 다시 한번 살펴보고 오층석탑의 조성연대 및 화려한 사리함내의 유물과 무구정광대다라니경 등의 연대 문제 등은 다음 장에서 자세하게 살펴 볼 것이다.

첫째, 당탑堂塔이 남북의 자오선상이 아니라 금당의 동서측면 가운데 한 쪽에다 불탑을 배치하는 가람은 국가가 경영하는 왕실사원일 가능성이 높다고 추정한 부분이다. 이는 사실과 전혀 맞지 않다. 그는 이러한 가람배치가 위의 모든 조건을 갖추고 있는 황복사지·창림사지를 예로 들면서 스스로 불교적인 의례 혹은 성전사원의 의례와 관련이 있는지 추후 검토가 필요하다고 하였다. 마찬가지로 이러한 가람배치에 대해서 아직 불교미술사학계 또는 건축학계에서 정확한 명칭과 의미를 부여하고 있지 않아 많이 알려져 있지는 않지만, 통일신라시대에는 쌍탑식 가람배치 못지않게 왕실과 귀족들이 사원을 창건할 때 채택한 형식이어서 추후 논의가 필요한 부분이다. 현재까지 조사된 바에 의하면, 분명한 것은 백제식 일탑일금당─塔─金堂式 가람배치의 신라식 변형이며, 682년에 창건된 감은사보다 약간 늦은 고선사 가람에서부터 등장하고 있다.

고선사는 감은사 뒤를 이어 7세기 후반에 창건된 사찰로 추정되는데 금당구역인 금당원金堂院과 석탑구역인 탑원塔院이 회랑에 의해 동서로

---

3 윤선태, 2002, 「신라 중대의 성전사원과 국가의례」, 『신라 금석문의 현황과 과제』(신라문화제학술논문집제23집), 경주시·동국대 신라문화연구소, 95쪽.

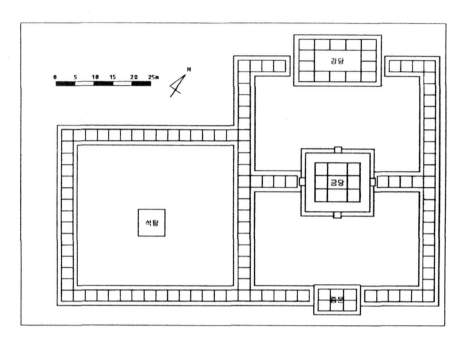

그림 1 고선사지 가람배치

나뉘어져 있는 것이 특징이다[4]. 그리고 금당원과 불탑원은 동서로 나란
히 남향하고 있다. 따라서 고선사지는 백제 미륵사를 삼원식가람三院式伽
藍이라고 하듯이 양원가람兩院伽藍이라 할 수 있다.

그리고 만일 이와 같은 일탑일금당식 가람배치의 변형이 성전사원의
의례와 관련이 있다고 한다면, 성전사원 가운데 고신라기에 창건된 영묘
사·영흥사 그리고 통일기에 창건된 사천왕사·감은사·봉덕사·봉은사
가 모두 동일한 가람배치를 하고 있어야 할 것이다. 설령 성전사원이 통

---

4 문화재관리국·경주사적관리사무소, 1977, 『고선사지발굴조사보고서』, 18~21쪽.
  박보경, 2004, 「고선사지 가람배치와 삼층석탑 연구」, 동국대학교 대학원 미술사학과 석
  사학위논문.

사진 2 낭산과 황복사지

일초기인 문무왕대 또는 신문왕 4년에 설치된 까닭에 진흥왕과 선덕여왕
대에 창건된 영흥사와 영묘사의 가람배치와는 무관하다고 하더라도, 통
일초기의 성전사원으로 추정되는 사천왕사와 감은사의 가람배치가 전혀
닮아 있지 않음은 이해가 되지 않는다.

이후에 창건된 사찰인 봉덕사와 봉은사의 경우 사찰의 위치가 불분명
하거나 북천의 흐름에 일실된 까닭에 확인할 수가 없지만, 그의 추정대로
따른다 해도 『삼국사기』에 기록된 7개 사원 가운데 현재까지는 나원리 절
터만 변형된 가람을 하고 있음이 확인될 뿐이다. 그러므로 가람배치와 성
전사원은 관련이 없다.

둘째, 나원리 절터와 동일한 가람배치를 보이는 사찰의 경우, 왕실과
관련이 깊은 사찰인가 하는 점이다. 경주지역에서 고선사식 가람배치를

한 사찰을 시대 순으로 정리해 보면 그 특징이 보다 명확해진다. 고선사(7세기 말)·황복사(7세기 말)·나원리 오층석탑(8세기 전반)·서남산 창림사지(8세기 전반)·동남산 승소골 사지(9세기 전반)·동남산 국사골 제4사지(9세기) 등이 대표적이며, 차후 발굴을 통해 더 많은 사찰이 추가될 것이다.

그런데 예로 든 사찰 가운데, 8세기의 사찰은 규모나 사찰에 남아 있는 유물들을 고려할 경우 국찰이나 왕실과 관련된 사원일 가능성이 높으나 9세기 이후의 사원은 모든 면에서 그렇지 못하다. 그리고 고선사식 사찰들은 모두 평지가람이 아니다. 모두 산기슭·산간 계곡·산의 능선부에 위치하고 있어 산지가람의 특징을 보이고 있다. 그러므로 이러한 가람배치는 창건주의 신분과 관련된 것이 아니고, 사찰이 들어서는 지형의 특징을 고려한 까닭에 신라만의 독특한 가람배치가 등장하게 된 것이다.

이와 같이 변형된 가람배치를 구체적으로 살펴보면, 신라인들은 산기슭 또는 산속에 사찰을 건립할 경우 두 가지 방법을 택하고 있음을 알 수 있다. 첫째 방법은 평지가람과 같이 일금당일탑식―金堂―塔式 또는 일금당쌍탑식―金堂雙塔式 가람을 택하고 있다. 예컨대, 사천왕사·감은사·이거사·불국사·감산사·원원사·숭복사 등은 장소가 산기슭 또는 산자락임에도 불구하고 평지가람과 같은 배치를 보이고 있다. 둘째 방법은 위에 언급한 고선사식 가람배치로 이들은 모두 변형된 모습을 보이고 있음을 알 수 있다.

그런데 이들 가람에서 지켜진 원칙이 하나 있는데, 그것은 석탑은 반드시 산 쪽에다 세우는 것이었다. 즉, 남향의 금당을 중심으로 산이 동과 서 어느 쪽에 있느냐에 따라서 석탑의 위치가 결정된다는 점이다. 구체적으로 말하면, 고선사의 경우 금당을 중심으로 산이 서편에 있었던 까닭에 삼층석탑은 금당의 서편에 위치하게 된다. 나원리 오층석탑, 황복사지 삼층석탑, 동남산 승소골 삼층석탑은 같은 예이다. 그러나 이와 반대로 창림사지 삼층석탑

그림 2 나원리사지 배치도

과 국사골 제4사지는 금당을 기준으로 동편에 산이 있기 때문에 동편에 위치하게 된다. 특히 이러한 가람배치의 선구자격인 고선사는 처음으로 성전사원이 설치되는 신문왕 4년 직후에 창건되었음에도 불구하고 성전관련 사원으로 거론되지 않고 있다.

현재까지 고구려와 백제에서 전혀 찾아지지 않는 이러한 가람배치에 대해서 학술적 개념조차 정립하지 않고 있다. 최근에 나원리 오층석탑 해체 복원시에 출토된 사리함을 계기로 출간된 보고서에서 처음으로 '전당후탑형前堂後塔形' 가람배치 형식으로 소개하고 있다[5]. 그러나 나원리 사지에 대한 발굴이 이루어지지 않은 상황에서 금당의 방향을 남향이 아닌 동쪽으로 확정지을 수 있는 근거는 아무것도 없다. 그러므로 서쪽에 놓인 오층석탑이 금당의 후면인지 아니면 측면인지를 구분할 수가 없는 것이다. 그리고 나원리 사지와 같은 가람배치의 예를 남산의 여러 사지에서 찾고 있는 것으로 미루어 고선사나 창림사 등과 같은 예로 생각된다. 오히려 동남산 승소골 사지의 경우 계곡을 막은 축대가 동향하고 있으며, 금당으로 추정되는 건물지 뒤쪽 산 능선상에 삼층석탑이 건립되고 있으므로 '전

---

5 국립문화재연구소, 1998, 『경주 나원리 오층석탑 사리장엄』, 14~16쪽.

사진 3 창림사지 삼층석탑

당후탑형'이라는 표현이 가능하다. 이는 고선사식 가람배치의 또 다른 변형으로 생각되지만, 건물의 방향과 관련없이 불탑의 자리를 산 쪽에다 배치하는 형식이라는 점에서는 일치하고 있다.

창림사의 경우도 발굴조사를 하지 않아 알 수가 없으나 발굴이 완료된 고선사의 경우를 보면 금당은 동향이 아니라 남향을 하고 있음이 밝혀졌다. 따라서 금당의 동서 측면에 석탑이 배치되었을 가능성이 높은 현시점에서 '전당후탑형前堂後塔形'은 정확한 표현이 될 수가 없다. 이처럼 나원리 사지와 같은 가람배치에 대해 논의조차 되지 않은 원인은 정식 발굴이 고선사에 한해서만 이루어져 관련 자료가 부족하고, 나머지 사찰들은 지표조사를 통해서 분명히 알 수 있음에도 제대로 노력을 기울이지 않은 까닭이다. 따라서 신라인들이 산지가람에 국한해서 왜 이러한 가람배치를 선호하게 되었는지는 현재로서는 알 수 없지만 성전사원의 성격과는 무

사진 4 국사골 4사지 삼층석탑

관해 보인다.

종합하면, 만일 전당후탑형이라고 한다면 가람배치에서 금당이 남향하면 불탑은 그 북쪽에 놓여야 되며, 동향할 경우 불탑은 서쪽에, 금당이 서향을 한다면 불탑은 동쪽에 배치되어야 할 것이다. 그러나 고선사지가 금당원과 불탑원이 모두 남향한 것처럼 황복사지도 발굴조사를 통해 유구의 전체 상황이 확인된 것은 아니지만 귀부가 금당지 남쪽에 남향하고 있으므로 금당과 불탑 모두 남향하고 있음을 알 수 있다. 이 경우도 금당과 불탑은 동서로 나란히 병렬하고 있는 것이지 전당후탑형이라고 하기는 어렵다.

다만 위에서 나원리 사지와 동일한 경우로 예를 든 창림사지, 남산 국사골 4사지, 남산 양조암골 3사지, 남산 승소골 사지 등은 전당후탑형일 가능성이 높다. 하지만 이 경우도 중요한 것은 금당이 동향을 하든 서향을 하든 불탑은 산쪽에다 배치하는 것이 원칙이다. 고선사지와 황복사지도 마찬가지이다. 따라서 전당후탑형이라는 가람배치도 고선사지의 양원가람에서 변형된 것이며, 회랑만 없을 뿐 통일신라에 이르러 경주지역에 국한하여 독자적인 형태로 발전된 것이라 할 수 있다.

또한 그러한 가람배치의 등장에 대한 사상적 배경에 대해서는 불탑이 금당보다 높은 곳에 위치한다는 이유만으로 수미산 신앙의 구현이라기보다는[6] 차후 더 연구되어야 할 과제로 생각된다. 왜냐하면, 고선사지의 경우 평지가람이면서 양원가람형식을 하고 있기 때문이다. 즉 고선사지의 삼층석탑은 금당보다 높은 곳에 위치하지 않는다는 사실이다. 그러면서도 가람배치에서 전당후탑형 가람배치를 하고 있는 석탑의 위치와 같은 원리로 배치되기 때문이다.

3. 사찰의 창건연대와 오층석탑의 건립시기

사찰의 창건연대를 추정할 수 있는 것은 현재 출토된 명문와편과 오층석탑뿐이다. 물론 전면적인 발굴을 할 경우 출토유물을 통해 창건연대의 상한시기도 밝혀질 가능성이 높지만 현재로서는 사지에서 수습된 와편 몇 점에 의존할 수밖에 없다.

지금까지 제시된 창건연대 가운데 가장 주목을 받는 시기는 7세기 후반이며, 사명은 봉성사奉聖寺라는 견해이다[7]. 그러나 이 견해는 나원리 사

---

6 김봉건, 1998, 「나원리 오층석탑의 주변 환경」, 『경주 나원리 오층석탑 사리장엄』, 국립문화재연구소, 11~16쪽.
7 윤선태, 2002, 「신라 중대의 성전사원과 국가의례」, 『신라 금석문의 현황과 과제』(신라문

지가 곧 봉성사라는 선입견을 갖고 있는 것이 문제이다. 즉『삼국사기』신라본기에 의하면, 신문왕 5년(685)에 봉성사가 창건되고 있으므로 나원리 사지가 7세기 후반 사찰이 맞다면 곧 봉성사라는 것이다. 그러나 설령 나원리 사지가 7세기 후반에 창건된 사찰이라 하더라도 앞서 살펴본 바와 같이 증거로 제시한 가람배치의 특징적 요소들이 곧 봉성사임을 증명하지는 못하였다. 따라서 나원리 사지가 봉성사임을 증명하기 위해서는 보다 직접적인 증거가 될 수 있는 자료가 요구된다. 먼저 출토된 명문와의 문제부터 살펴보자.

첫째는 절터에서 수습된 '의봉사년개토儀鳳四年皆土' 명銘의 명문와이다. 이 암키와는 문무왕 19년(679)에 경주시 내남면 망성리 가마터에서 제작된 것인데, 현재 경주지역에서는 월성·안압지·경주박물관부지·첨성대 부근과[8] 선덕여자고등학교내 건물지유적[9]·사천왕사[10]·나원리 사지[11]·나정[12] 등 광범위한 지역에서 출토되고 있다. 따라서 연구자들은 '의봉사년개토' 명의 명문와가 출토되는 유적이 다수임을 들어 문무왕 19년(679) 신라 왕경에서 진행되었을 대단위 토목공사의[13] 증거로 해석하고 있다.

화제학술논문집제23집), 경주시·동국대 신라문화연구소.

8 박홍국, 1986,「삼국말~통일초기 신라와전에 대한 일고찰」(월성군 내남면 망성리 와요지와 그 출토와전을 중심으로), 동국대학교 대학원 미술사학과 석사학위논문, 20~21쪽 (1988,「월성군 내남면 망성리 와요지와 출토와전에 대하여」,『영남고고학』5집, 영남고고학회에 수록).

9 국립경주문화재연구소, 2003,『경주 인왕동 556·566번지 유적발굴조사보고서』(학술연구총서36), 132쪽.

10 김동현 외, 1976,『신라의 기와』, 동산문화사, 23쪽.

11 박홍국, 1998,「경주 나원리 오층석탑과 남산 칠불암 마애불의 조성시기」,『과기고고연구』4, 아주대학교 박물관, 98쪽.

12 중앙문화재연구원·경주시, 2004,「경주나정」(현장설명회자료 04-5), 11쪽.

13 2월…궁궐을 다시 수리하였는데 매우 웅장하고 화려하였다(『삼국사기』신라본기 문무왕 19년조).

사진 5 나원리사지 오층석탑

따라서 나원리 사지도 679년경에 창건된 사원으로 볼 수 있다는 것이다.

한편 박홍국은 나원리 사원도 문무왕 19년경에 창건된 것으로 추정함과 아울러 한발짝 더 나아가 오층석탑 역시 같은 시기에 세워진 것으로 편년하고 있다[14]. 그러나 윤선태는 명문와에 의한 박홍국의 연대관은 주목되나 봉성사로 추정한 까닭에 679년경은 사찰건립을 위한 공사가 시작된 것이며, 완성은 신문왕 5년(685년)이라고 하였다. 즉, 679년에 대해 박홍국은 공사가 완료된 시점으로, 윤선태는 공사를 시작하는 시점으로

최민희, 2002, 「『儀鳳四年皆土』글씨기와를 통해본 新羅의 統一意識과 統一紀年」, 『경주사학』제21집.

14 박홍국, 1998, 「경주 나원리 오층석탑과 남산 칠불암 마애불의 조성시기」, 『과기고고연구』4, 아주대학교 박물관, 101~103쪽.

본 것이다. 따라서 두 연구자는 명문와의 절대연도에 근본적으로 의존하고 있음을 알 수 있다. 이 경우에도 명문와의 경우 제작기간이 짧아 대개 지붕이 올라가는 시기와 그리 멀지 않다. 즉, 사찰건립을 위한 기초공사를 하는 시점에 미리 명문와당을 제작해 놓고 6년을 기다리는 것은 아니다. 그러므로 기와의 제작 시기에 대한 추정은 전체 공정을 고려하는 것이 당연하다. 다만 나원리 사지에 세워진 사찰이 완성될 때 당시까지 전세傳世되어 오던 '의봉사년개토' 명의 와당이 공급된 것일 가능성도 있다.

한편, 나원리 사지 오층석탑은 어느 시기엔가 도굴꾼에 의해 1층 탑신 북쪽 면석 동쪽부분이 밖으로 300㎜ 정도 밀려 나와 있었다. 이로 인한 탑의 붕괴를 염려한 문화재관리국에서 1995년 11월 27일부터 1996년 9월 27일까지 해체·복원을 계획하였으며, 1996년 3월 15일 해체 시, 3층 옥개석 부분에서 바깥이 강회로 단단하게 밀폐된 사리공 속에 안치되어 있던 사리함이 그 모습을 드러내었다. 사리함의 뚜껑 윗면에는 연화당초 문이 새겨져 있고 사방측면에 서역인의 모습을 한 사천왕상이 정교하게 선각線刻되어 있었다.

사리함을 개봉한 결과 금속의 불탑과 불상들이 봉안되어 있었다. 특히 소형의 불탑은 석탑구조를 그대로 축소한 것과 같았으며, 상륜부와 보륜 주위로 빙 둘러서 영락이 화려하게 장식되어 있었다. 네 모서리가 반전되어 약간 치켜 올라간 3층 옥개석의 추녀 끝에는 풍경이 전혀 손상되지 않은 채 매달려 있었다. 이러한 예는 아직까지 없었던 매우 중요한 자료로서 당시의 석탑양식을 연구하는데 중요한 역할을 할 것으로 기대된다.[15]

이에 대해 박홍국은 679년명의 명문와와 오층석탑 사리함내부에서 출

---

15 매일신문, 1996, 「신라탑·장엄연구 귀중한자료」, 3월 19일, 대구.

토된 소금동불상이 감은사나 황복사 삼층석탑 출토 사리함내의 불상보다 고식에 가깝다는 점을 들어 오층석탑의 편년을 기왕의 통설과는 전혀 다른 679년경 또는 그 이전으로 추정하였다. 그에 의하면 감은사 동서삼층석탑 → 고선사 삼층석탑 → 나원리 오층석탑 → 황복사지 삼층석탑으로 편년되던 것이 고선사 삼층석탑[16]·나원리 오층석탑 → 감은사 동서삼층석탑 → 황복사 삼층석탑으로 뒤

사진 6 나원리사지 오층석탑 사리함

바뀌게 된다[17]. 물론 기왕의 편년관이 석탑이 규모와 결구방식의 축소지향이라는 단순한 원칙에 의한 것이어서 문제는 되지만, 명문기와 한 장과 불상의 양식문제만으로[18] 그처럼 쉽게 석탑조성의 연대관이 변경될 문제는 아니다.

---

16 박홍국이 고선사에서 출토된 기와의 형식 감은사에 앞서는 고식임을 들어 삼층석탑이 감은사 삼층석탑보다 조성시기가 빠를 것이라고 막연히 추정한 반면에, 강우방은 초층의 탑신에 마련된 문비조각이 분황사 모전석탑의 감실을 모방했을 가능성과 쌍탑식 가람이 아닌 단탑식 가람 그리고 삼층석탑 낙수면의 특징 등을 고려하여 고선사 삼층석탑이 감은사 삼층석탑보다 앞서 조성된 것으로 보고 있다. (강우방, 1999, 「고선사탑과 감은사탑」, 『미술과 역사 사이에서』(강우방예술론), 열화당, 258~261쪽).

17 박홍국, 1998, 「경주 나원리 오층석탑과 남산 칠불암 마애불의 조성시기」, 『과기고고연구』 4, 아주대학교 박물관, 102쪽.

18 감은사와 황복사 삼층석탑 출토 불상보다 늦은 시기인 700년 전후제작으로 보는 견해도 있다(이은희, 1998, 「금동소불상」, 『경주 나원리 오층석탑 사리장엄』, 국립문화재연구소, 52쪽).

사진 7 나원리사지 오층석탑 금동불상

예컨대, 사리함이 봉안되는 사리공의 경우 감은사와 고선사 삼층석탑은 3층 옥신 부분에 마련되는데 비해 나원리 오층석탑은 3층 옥개석에 마련되고 있다. 이는 사리공의 경우 위에서 아래로 서서히 내려오면서 조성되고 있는 시대성을 반영하고 있는 것이다. 결구방법 역시 신라시대의 석탑이 감은사 삼층석탑에 비해 서서히 그 규모를 소형화하는 방향으로 흐른 까닭에 사용된 석재의 매수가 줄어들면서[19] 결구방법이 간략화 되어 갔음은 주지의 사실이다. 그러므로 나원리 오층석탑과 같은 결구방식에서 감은사나 고선사 삼층석탑의 결구방식으로 이동했다고 하는 견해는 받아들이기가 어렵다.

다만 7세기 말인 효소왕 원년(692)에 세워진 황복사 삼층석탑과 8세기 전반에 나원리 오층석탑의 경우 비슷한 시기에 조성된 까닭에 결구방법에 있어 과도기적 양상을 잘 보여주고 있다. 즉, 황복사 삼층석탑은 탑신석과 옥개석 모두 1매로 조성된데 비해, 나원리 오층석탑의 경우 1층·2층은 옥개받침과 옥개석이 별석으로 상

---

19 삼층석탑 조성에 사용된 석재수의 경우, 감은사와 고선사 삼층석탑은 82매, 황복사 삼층석탑은 37매, 나원리 오층석탑은 32매이다. 그런데 나원리 오층석탑의 경우 층수가 5층임에도 불구하고 황복사 삼층석탑보다 5매가 줄어든 32매이다. 이는 석탑조성에 관한 기술의 발달과정을 의미한다(박경식, 2004, 「신라 전형·정형기 석탑의 비교」, 『문화사학』 22호, 한국문화사학회, 122~123쪽).

하로 나뉘어 제작된 후 조성된 것으로 고식의 결구방법을 그대로 유지하고 있다. 그럼에도 불구하고 사용된 석재의 매수는 황복사 삼층석탑이 37매인데 비해 나원리 오층석탑은 32매이다. 이는 기단부를 이루는 석재의 조성에서 나원리 오층석탑이 황복사 삼층석탑보다 진전된 방식을 선보인 까닭이다. 즉 황복사 삼층석탑 기단부에 사용된 석재수가 28매인데 비해 규모가 더 큰 나원리 오층석탑은 16매에 불과한 것이다[20].

또한 그리고 이미 감은사와 고선사의 삼층석탑 3층 옥신에 마련된 사리공의 내부구조 변화를 비교함으로

사진 8 황복사지 삼층석탑

써 감은사 삼층석탑이 고선사 삼층석탑보다 먼저 조성된 것임은 한정호에 의해 명쾌하게 밝혀진 바 있다[21]. 따라서 나원리 오층석탑 조성 시기는 기왕의 편년 안에 충실하여야 하나, 위의 내용을 종합할 경우 황복사 삼층석탑보다 늦은 시기일 가능성이 높다.

여기서 다시 명문와당의 문제로 돌아 가보자. 우선 기와가 갖고 있는 일

---

20 박경식, 2004, 「신라 전형·정형기 석탑의 비교」, 『문화사학』 22호, 한국문화사학회, 122~123쪽.
21 한정호, 2001, 「감은사지 동·서삼층석탑의 연구」, 동국대 대학원 미술사학과 석사학위청구논문, 72~76쪽.

사진 9 천관사지출토 창림사명 와편

반적 속성 가운데 반드시 유념해야할 것은 이동성이 강하고, 제작 후 곧바로 본래의 기능에 충실해서 건물의 지붕에 활용되기도 하지만 그렇지 않고 전세의 가능성이 높다는 점이다. 특히 '의봉사년개토' 명의 명문와는 그동안 출토예로 미루어 대량으로 생산되었을 가능성이 농후한 까닭에 더욱 그렇다. 이 점은 동남산 보리사에서 출토된 명문와에 황룡사명이[22], 서남산 창림사명의 명문와가 천관사지에서 출토되거나[23] 30km 이상 떨어진 원거리의 원원사지에서 수습된 명문와에 영묘사명이 있음에서도[24] 증명된다. 이들 기와는 제작될 당시 이용되고자 했던 사찰에서 사용되고 남은 여분의 명문와로서 일정기간 전세된 다음 새롭게 창건되고 있는 다른 사찰에 전용되고 있는 것이다[25].

설령 백번을 양보하여 명문와의 연대처럼 679년에 나원리 사지에 사찰

---

22 박홍국, 1980, 「경주지방에서 출토된 문자명와」, 『전국대학생학술연구발표논문집』5집, 고려대 학도호국단, 103쪽.

23 국립경주문화재연구소, 2004, 『경주 천관사지발굴조사보고서』(학술연구총서38), 231쪽, 377쪽.

24 서라벌대학 최석규교수가 원원사지에서 수습하여 소장하고 있다.

25 김창호는 의봉사년개토명의 암키와의 경우 3년 뒤인 682년에 창건되는 감은사에서는 단 한 점도 출토되지 않음을 들어 제작된 그 해부터 682년 이전에 모두 사용된 것으로 추정하고 있다(김창호, 2001, 「신라 밀교사원 사천왕사의 역사적 위치」, 『밀교학보』3집, 위덕대 밀교문화연구원, 97쪽).

이 창건되거나 공사가 시작되었다 하더라도 동시에 사찰경내에 오층석탑이 세워졌을 것이라고 단정 지을 수는 없다. 사찰의 사정에 따라 석탑은 얼마든지 이후에 세워질 가능성이 있기 때문이다. 예컨대, 고선사의 경우 원효가 주석하고 있던 사찰이므로[26] 원효의 입적시기인 신문왕 6년(686)[27] 이전에 창건된 사원임이 분명하다[28]. 그러나 앞서 한정호에 의해 지적된 바와 같이 고선사 삼층석탑은 682년에 세워진 감은사 삼층석탑보다 늦은 시기에 조성된 것이다. 약 4년이라는 기간이 중복되고 있기는 하나 원효가 70세를 일기로 혈사穴寺에

사진 10 고선사지 삼층석탑

서 입적하고 있으므로 고선사에 주석한 시기는 682년보다 이른 시기일 가능성이 높으며, 고선사의 창건은 이보다 더욱 앞선 시기일 것이다[29]. 그러

---

26 『삼국유사』 권제4 蛇福不言條.

27 남동신, 1992, 「고선사 서당화상비」, 『역주한국고대금석문』 제3권, 가락국사적개발연구원, 7쪽과 13쪽.

28 장충식, 1987, 「신라석탑연구」, 일지사, 120쪽.

29 한정호는 원효가 주석할 당시 석탑이 건립되어 있었다는 명확한 근거는 없으며, 강우방이 문비조각이나 단탑식 가람을 근거로 감은사보다 이른 시기 창건당시 세워졌을 가능성이 높다고 한 주장은 통일신라시대의 석탑에서도 확인되는 것이므로 근거가 박약하다고 하였다(한정호, 2001, 「감은사지 동·서삼층석탑의 연구」, 동국대학교 대학원 미술사학과 석사학위청구논문, 72쪽).

므로 고선사 삼층석탑 역시 창건과 동시에 세워진 것이 아님을 알 수 있다.

아울러 사리함에서는 「무구정광경」에 내재하는 다라니陀羅尼가 필사筆寫된 지편紙片들이 출토되었다. 따라서 나원리 오층석탑은 '무구정광다라니경'이 중국에서 미타산彌陀山에 의해 번역되는 704년보다 이후에 건립되었음은 분명해진다[30]. 즉, 나원리 오층석탑 사리함과 더불어 출토된 무구정광대다라니경의 존재는 이 탑의 연대를 706년 이전으로 편년하는 것을 근본적으로 부정하고 있다[31]. 이 움직일 수 없는 문제를 극복하기 위하여 황복사 삼층석탑이 2차에 걸쳐 사리함이 봉안되고 있음을 들어, 나원리 오층석탑내 봉안된 무구정광대다라니경 역시 처음 세워질 당시의 것이 아니라 706년 이후 어느 시기에 추가로 봉안된 것으로 추정하고 있다[32]. 그러나 그와 같은 연대관이 성립하려면 단순히 소불상의 양식이 감은사나 황복사 사리함 출토의 불상보다 고식이라는 이유는 근거가 되지 못하며 보다 적극적인 증거가 필요하다.

한편 비교의 예로 든 황복사 삼층석탑의 경우, 신문왕의 왕비였던 신목태후와 효소왕이 함께 세운 석탑인데, 성덕왕에 의한 2차 봉안은 신목태후와 효소왕의 죽음에 대한 슬픔이 채 가시기전에 무구정광대다라니경이 당으로부터 처음 전래된 것이 직접적인 원인이다[33]. 아울러 석탑이 가진

---

30 국립경주문화재연구소, 1998, 『경주 나원리 오층석탑 사리장엄』, 146쪽.

31 무구정광대다라니경은 인도출신의 승려 미타산 등에 의해서 당나라 측천무후의 말년인 704년에 한역되었으며, 신라에는 곧바로 수입되어 706년에 황복사지 삼층석탑에 처음으로 봉안되고 있다(박상국, 1998, 「사리신앙과 다라니경의 사경 편」, 『경주 나원리 오층석탑 사리장엄』, 국립문화재연구소, 129~130쪽).

32 박홍국, 1998, 「경주 나원리 오층석탑과 남산 칠불암 마애불의 조성시기」, 『과기고고연구』 4, 아주대학교 박물관, 106쪽 ; 윤선태, 2002, 「신라 중대의 성전사원과 국가의례」, 『신라 금석문의 현황과 과제』(신라문화제학술논문집23집), 경주시·동국대 신라문화연구소, 92쪽 주33.

33 정병삼, 1992, 「황복사 금동사리함기」, 『역주한국고대금석문』 제3권, 가락국사적개발연

신목태후와 효소왕의 개인적인 인연뿐만 아니라 황복사가 황실의 원찰 성격을 띠고 있는 것과 관련되어 발생한 특별한 예에 속한다.

그리고 나원리 오층석탑에 봉안된 무구정광대다라니경의 발원자가 새로 전해진 경전의 내용에 익숙하고 보다 자세하게 이해하고 있던 승려일 가능성과 황복사 석탑과는 달리 발원자와 관련된 명문이 없는 점으로 미루어 죽은 사람을 위한 발원이나 혹은 국가적 차원 또는 왕실차원의 발원이라기보다는 개인의 수명연장 및 선업을 위한 발원으로 생각된다는 견해를[34] 받아들인다면 단순히 동일시하는 것은 무리가 따른다고 할 수 있다.

다만 주경미는 기왕의 석탑에 대한 편년의 새로운 안을 갖고 있지 않은 관계로 기존 편년인 7세기말에 의거했을 경우 —704년 이후에 전래되었을 것이 분명한 무구정광대다라니경을 발원자가 자세하게 이해하고 있음을 들어 이에는 약간의 시간적 경과를 필요로 한 까닭에— 석탑에 봉안된 시기는 황복사 삼층석탑과 동시기이거나 약간 늦추어 710년경에 2차로 봉안된 것이 아닌가 하였다[35].

따라서 양식에만 의존한 편년안과 정확한 근거없이 2차로 봉안을 했을 것이라는 자의적인 상황 설정은 선뜻 받아들이기가 어렵다. 오히려 나원리 오층석탑은 황복사 삼층석탑에 무구정광대다라니경이 봉안되고 있는 706년 이후인 8세기 전반 또는 중엽으로 편년하는 것이[36] 순리적일 것이다. 그리고 굳이 규모와 결구방법이 황복사 삼층석탑보다 크고 복잡하다

· 구원, 347~349쪽.

34 주경미, 2004, 「한국 불사리장엄에 있어서 무구정광대다라니경의 의의」, 『제3회춘계학술대회발표요지문』, 통도사성보박물관 · 불교미술사학회, 38쪽.

35 주경미, 2004, 「한국 불사리장엄에 있어서 무구정광대다라니경의 의의」, 『제3회춘계학술대회발표요지문』, 통도사성보박물관 · 불교미술사학회, 38쪽 및 주59.

36 박상국, 1998, 「사리신앙과 다라니경의 사경 편」, 『경주 나원리 오층석탑 사리장엄』, 국립문화재연구소, 131쪽.

고 해서 앞세울 필요는 없다. 오히려 황복사 삼층석탑보다 늦은 시기로, 8세기 중엽일 가능성이 크다. 석탑의 상하층 기단부의 결구방식의 분석 결과, 나원리 오층석탑은 8세기 중엽의 불국사 석가탑과 비슷한 시기에 조성된 것으로 밝혀졌다[37]. 연구결과에 위하면, 8세기중엽이전에 세워진 경주지역 석탑의 편년은 감은사지 동삼층석탑 - 감은사지 서삼층석탑 - 고선사지 삼층석탑 - 황복사지 삼층석탑 - 천군리 동서삼층석탑 - 이거사지 삼층석탑 - 나원리 오층석탑 또는 불국사 석가탑 순이다. 즉, 동시기 또는 비슷한 시기에 있어 새로운 결구방법과 이전의 결구방법이 공존하는 과도기란 늘 존재하기 마련이다.

나아가 최근 연구에 의하면, 석탑 기단부의 결구방식을 검토한 결과 8세기 중엽에 세워진 것으로 추정되었다[38]. 이로 인하여 그 동안 석탑 탑신석의 결구방식 또는 절터에서 출토된 '의봉사년개토儀鳳四年皆土' 명의 와당에 근거하여 오층석탑의 조성연대를 679년 내지 7세기 후반으로 보던 고고미술사학계의 견해는[39] 일단 수정이 불가피하게 되었다.

뿐만 아니라 당시 오층석탑을 해체할 때 기단부 내부의 충전석에는 통일신라 8세기 중엽인 737년경에 조성된 제33대 성덕왕의 능에 처음 등장하는 탱석撑石이 섞여 있었다. 즉, 왕릉의 호석은 원형의 구조를 하고 있으므로 탱석의 전면은 완만한 곡면曲面이며, 좌우의 뒷부분은 두 면석을 고정하기 위한 턱이 마련되어 돌못의 형태를 하고 있는 특징이 있다.

37 한정호, 2004, 「경주지역 신라 전형석탑의 전개과정에 관한 연구」, 『불교고고학』4호, 위덕대학교 박물관.

38 한정호, 2004, 「경주지역 신라 전형석탑의 전개과정에 관한 연구」, 『불교고고학』4호, 위덕대학교 박물관.

39 장충식, 1987, 『신라석탑연구』, 일지사, 122쪽 ; 박홍국, 1998, 「경주 나원리 오층석탑과 남산칠불암의 조성시기」, 『과기고고연구』4호, 아주대학교박물관, 101~103쪽.

사진 11 나원리사지 오층석탑 해체시 출토 석재

외형은 가로가 짧고 세로가 긴 직사각형이며, 돌부곡면(긴 것이 특징이
나 나원리 사지 오층석탑 기단부에서 출토된 탱석은 돌부곡 부분이 절단
된 상태였다. 특히 탱석면석의 붕괴를 방지하기 위하여 마련된 양면의
턱은 신라 왕릉 호석구조의 하나인 탱석 이외의 석물에서는 발견된 적이
없다.

　따라서 이러한 형태의 석재는 나원리 오층석탑의 석탑부재와는 관련이
없는 것으로 다른 석조물의 일부를 옮겨 왔음이 분명하다[40]. 이 탱석은 8

40　국립문화재연구소에서 간행된 『경주 나원리 오층석탑 사리장엄』에 소개된 석탑의 도면에
　　는 기단부 내부가 사람 머리 크기만 한 할석내지 잡석으로 채워진 것처럼 묘사되어 있다
　　(국립경주문화재연구소, 1998, 『경주 나원리 오층석탑 사리장엄』, 15쪽).

세기 중엽의 어느 왕릉의 탱석을 조각하다가 실패한 것을 나원리 오층석탑의 기단부내에 재사용한 것으로 추정된다. 나원리 오층석탑의 상한시기는 8세기 중엽을 올라갈 수가 없는 것으로 기왕의 연구에서 8세기 중엽으로 추정한 편년은 타당한 것이라 할 수 있다.

4

통일신라 봉성사와 절원당

I. 머리말

통일신라 제31대 신문왕 5년(685)에 창건된 것으로 『삼국사기』 신라 본기에 기록이 남아 있는 봉성사는[1] 관련된 문헌기록이 다양하게 전해온 다. 구체적으로는 위치·창건시기·창건배경·규모와 성격의 변화 등 거 의 전반적인 상황을 모두 포함하고 있다. 그런 까닭에 봉성사는 지금까지 두 가지 측면에서 논의되어 왔다. 첫째, 사찰의 위치가 어디인가 하는 점 이다. 둘째, 『삼국사기』 雜志 제7 職官 上에 기록된 成典寺院 7개소 가운 데 四天王寺成典 다음으로 기록되어 있는 봉성사 창건배경에 관한 문제 였다. 그러나 창건배경과 불가분의 관계에 놓여 있는 寺格에 관한 진전된 논의는 거의 없었다. 아울러 봉성사의 위치 및 성격변화와 관련하여 창건

---

1 春 … 奉聖寺成 夏四月 望德寺成(『삼국사기』 신라본기 신문왕 5년조).

설화 속에 포함되어 있는 折怨堂을 주목했어야 함에도 불구하고 그렇지 못하였다. 즉, 봉성사에 대한 다양한 접근은 아직 부족한 편이며, 기왕의 연구 성과도 만족할 만한 단계에 이르렀다고 보기는 어렵다.

따라서 본고는 먼저 봉성사와 관련하여 연구자간 이견이 속출하고 있는 봉성사의 위치관련 문제를 검토한 후, 봉성사의 寺名을 통해 창건배경과 역사적 성격을 고찰하고자 한다. 아울러 절원당의 존재와 사명이 奉聖寺 · 信忠奉聖寺 · 奉聖神忠寺로 다양하게 표기되는 원인을 정치적 상황의 변화와 관련하여 해석하고자 한다.

Ⅱ. 봉성사의 위치

   역사지리학적 관점에서 중요한 사실 가운데 하나는 유적의 위치이며, 그 자체 스스로가 생성된 연대와 함께 일정한 역사성을 내포하고 있다. 그런 점에서 볼 때 성전사원인 봉성사의 위치는 그 자체가 여러 방면으로 역사적 해석이 가능한 단서를 제공할 가능성이 높다. 때문에 절터의 위치를 중요시 한 일부 연구자에 의해 특정 사찰의 기능과 역할이 논의되기도 한다.

   그런데 봉성사에 대해서는 『삼국사기』와 『삼국유사』에 창건 당시의 성격을 추정할 수 있는 내용만 남아 있을 뿐 위치와 관련하여서는 약간 모호한 상태로 기록되어 있다. 하지만 봉성사가 폐사될 무렵으로 추정되는 15세기의 기록인 『신증동국여지승람』 경주부 고적조에서는 '府東四里', 즉 '경주읍성 내 객사인 동경관으로부터 동쪽 4리 지점에 있다'라 하여 내용이 구체적이다. 따라서 막연하나마 경주읍성의 동편에 해당하는 오늘날 성동동과 황오동 또는 첨성대 동편 마을인 인왕동 가운데 하나임을 알 수 있다.

   봉성사의 위치에 대해서는 현재 서로 다른 견해들이 제시되어 있다. 첫째는 『신증동국여지승람』 경주부 고적조의 관련 기록을 부정한 후 경주시 현곡면 나원리의 오층석탑이 있는 폐사지를 봉성사로 추정하는 견해가 있으며, 반대로『신증동국여지승람』의 관련 기록을 신뢰하는 입장에서는 ① 경주역 구내의 성동동 제2사지, ② 성동동 전랑지일원, ③ 인왕동의 경주시 구교육청 일원의 통일신라시대 건물지 등을 봉성사지로 추정하고 있다. 특히 구교육청 일원의 건물지를 봉성사지로 추정하는 최근의 견해를 따른다면, 이 지역은 4~5세기 신라시대의 집단 墓域의 남단지점이자, 王宮인 月城과 內帝釋宮인 天柱寺와 인접하고 있어 주목된다.

따라서 다양한 이견이 제시되어 있는 봉성사의 위치에 대해 관련 사료와 현장에 남아있거나 출토된 유물을 통해 연구자들의 상이한 관점을 극복하는 것이 선결과제라 할 수 있다. 이 점은 차후 논의되는 봉성사의 성격과 밀접한 관련이 있기 때문이다.

1. 현곡면 나원리 절터

경주시 현곡면 나원리의 오층석탑이 있는 통일신라시대 절터가 봉성사일 가능성은 최근에 제기되었다[2]. 절터는 왕궁인 월성으로부터 북서쪽으로 약 6.8km 떨어진 金谷山 안태봉(해발 332m)의 동쪽 산자락 계곡초입에 놓여 있다. 즉, 조선시대 경주읍성으로부터 동쪽 4리가 아닌 북서쪽으로 15리보다 더 먼 곳에 해당된다. 따라서 그는『신증동국여지승람』경주부 고적조에 등장하는 靈廟寺의 위치관련 기사가 사실과 다른, 즉 '府南五里'가 아닌 '府西五里'로 기록된 것은 방향에서 '南'을 '西'로 잘못 표기한

---

2 한국불교연구원, 1974,「천관사지」,『신라의 폐사 I 』, 일지사, 84~87쪽 ; 윤경렬, 1993,「천관사」,『경주남산-겨레의 땅 부처님의 땅』, 불지사, 35~37쪽.

사진 1 나원리 사지 원경

점에 주목한 뒤[3] 다른 기록들 역시 誤記할 개연성이 높다고 전제한 뒤 봉성사의 위치를 기록한 '府東四里'를 신뢰하지 않았다. 대신 모호한 측면이 있기는 하나 『삼국유사』 기이 제2 혜공왕조의 기록을 봉성사의 위치를 추정하는 단서로 삼고자 하였다.

이해 7월 北宮의 정원 가운데 먼저 두 별이 떨어졌다. 또 한 별이 떨어져 모두 세 별이 땅 속으로 들어갔다. 이에 앞서 궁궐 북쪽의 뒷간 가운데서 두 연이 자라더니, 또 봉성사 밭 가운데서 연이 자랐다. 범이 궁성 안으로 들어 온 것을 쫓아가 찾았으나 놓쳤다. 각간 大恭의 집 배나무 위에 참새

---

3 이근직, 「신라 홍륜사지 위치 관련 기사 검토」 『신라문화』 20집, 동국대 신라문화연구소, 2002, 15~17쪽

가 수없이 모여들었다. 『安國兵法』하권에 의하면, (이런 일이 있으면) 천하에 큰 병란이 일어난다고 했으므로, 이에 왕은 대사령을 내리고 몸을 닦고 반성하였다. 7월 3일에 각간 대공의 반란이 일어나고, 서울과 五道州郡의 총 96명의 각간들이 서로 싸워 (나라가) 크게 어지러웠다. 각간 대공의 집이 망하자, 그 집의 재산과 보물과 비단 등을 모두 왕궁으로 옮겼다. 新城의 長倉이 불에 타자 사량리와 모량리의 마을 안에 있던 역적들의 寶에 보관한 곡식들도 왕궁으로 실어 들였다. 난리가 3개월 만에 멎었다. 상을 받은 사람도 제법 많았으나 죽임을 당한 자도 수없이 많았으니, 표훈의 말에 나라가 위태롭다고 한 것이 이것이다.[4]

그는 위 기사 가운데 봉성사 밭에서 蓮이 난 점과 그 뒤를 이어 북궁의 뜰에 별 두 개가 떨어진 것은 상호관련이 있을 것으로 보고, 봉성사의 위치를 북궁과 관련하여 그 주변에서 찾고자 하였다. 그리고 북궁의 위치에 대해서는 기존의 견해인 전랑지[5]가 아닌 1998년 발굴에서 확인된 용강동 원지로[6] 추정한 견해[7]를 받아들였다. 하지만 용강동 원지 주변에서 신라시대의 절터가 확인되지 않자 용강동 원지에서 서북방향으로 약 3km지점에 있는 나원리 오층석탑이 있는 절터를 봉성사지로 추정하였다. 그런

---

4 『삼국유사』권제2, 기이제2 혜공왕.

5 東潮·田中俊明, 『韓國の古代遺跡Ⅰ』신라편(경주), 中央公論社, 1988, 263쪽 ; 박방룡, 「신라 도성의 궁궐배치와 古道」『고고역사학지』11·12합집, 동아대 박물관, 1996, 34쪽 ; 이은석, 「왕경의 성립과 발전」『통일신라시대고고학』, 제28회한국고고학전국대회, 한국고고학회, 2004, 14쪽.

6 영남매장문화재연구원·경상북도 경주교육청, 『경주 용강동 원지 유적』, 학술조사보고서 제30책, 2001.

7 강우방, 「제2안압지 진성여왕 북궁인듯」, 조선일보 11월 25일자 보도자료, 1998 ; 한병삼, 「최근 발견된 백제·신라 유적 二例」『고대사シンポジウン논문집』, 조선장학회 창립 100주년기념, 2000, 28~32쪽.

그림 1 용강동 원지와 나원리 오층석탑

데 절터가 북궁으로 본 용강동 원지와는 너무나 먼 거리를 유지하고 있는 까닭에, 별이 떨어진 북궁과 연이 난 궁궐 북쪽의 봉성사 밭이 인접하고 있을 개연성이 문제가 되었다. 그러자 다시 이 점을 극복하기 위해 봉성 사 밭은 사찰과 근접하여 있는 밭이 아니라 원거리에 떨어져 있는 봉성사 소유의 밭으로 추정하였다.

하지만 『신증동국여지승람』 경주부 佛宇 및 古蹟條의 관련 기록들 가 운데 방향과 관련하여 극히 일부에서 문제가 있음은 연구자들에 의해 지적되고 있지만[8], 대부분은 사실과 일치하고 있다. 그러므로 적극적인 증거가 없는 한 봉성사의 위치를 부정하는 견해는 잘못된 것이다. 설령 위 기록이 잘못되었다고 양보하더라도 그것은 방향을 기록한 부분일 가능성이 높으므로 '府東'이 아닐 뿐 '四里'라 기록한 거리는 정확할 개연성이 높다는 점이다[9]. 현재 나원리 오층석탑과 조선시대 거리를 나타낼 때 기준점이 되었던 경주읍성 내 객사인 동경관과의 거리는 약 5.2km로 10리가 넘는다. 그러므로 봉성사는 경주읍성 내의 객관인 동경관으로부터 2km 이내의 근접한 곳에 위치한 사찰 가운데 하나일 가능성이 높다.

그리고 정확히 말한다면, 위 내용에서 북궁과 봉성사가 인접하고 있을 가능성이 짙은 표현은 그 어디에도 없다는 사실이다. 그럼에도 불구하고 그렇게 추정한 이유는, 연이 난 사건과 별이 떨어진 사건이 연속하여 발생하고 있는 상황논리로 미루어 막연하지만 동일지역이 아닐까 하는데서 비롯된 것이다. 그런 까닭에 군이 봉성사의 밭을 봉성사 사역 내에서 찾지 않고 멀리 떨어져 있을 뿐 봉성사 소유의 밭이라고 부언한 것이다.

그러나 내용에서 확인되듯이 북궁의 뜰과 그 주변에 별이 떨어진 사건과 봉성사 밭에서 연이 난 사건은 뒤이은 징조들과 함께 96角干의 난을 예언하는 기능 이외에 공간의 범위와 관련하여 상관이 있다고 보기는 어렵다. 오히려 봉성사의 밭은 '宮北'에 있었던 뒷간에 이어서 기록된 것으로 미루어 왕궁이었던 월성의 북쪽에 위치하고 있을 개연성이 높다. 즉, 궁성인 월성의 북쪽에 있었을 뒷간과 인접하고 있었다. 이 점은 경주읍

---

8 필자가 확인한 바로는 영묘사 위치관련 기록과 金城의 위치를 '在府東四里'라고 한 것으로 미루어 전랑지일원의 남고루를 금성으로 생각한 듯하며, 금성 내에 있었던 것으로 추정되는 金城井을 '在府內'로 기록한 것이다.

9 윤선태가 봉성사의 위치를 기록한 '府四里'를 부정하기 위해 예로 든 영묘사 역시 방향만 南이 아니 西로 기록되었을 뿐 '五里'라는 거리는 정확하다.

성 동쪽의 봉성사와 궁의 북쪽에 있었던 봉성사 밭은 인접하여 있었음을
의미한다. 따라서 봉성사는 나원리 사지가 아니며, 봉성사의 밭 역시 북
궁과 아무런 관련이 없고, 북궁보다는 월성에서 그리 멀지 않은 근거리에
위치하고 있음을 알 수 있다.

2. 성동동 제2사지

사이토 타다시齋藤忠[10]와 박방룡[11]에 의해 봉성사로 추정되어 온 성동동
현 경주역 구내인 '성동동 제2사지'는[12] '府東四里'라는 기록과 그 지점이
경주읍성의 동쪽 4리쯤에 해당되기 때문에 일반적으로 지지를 받아 왔
다[13]. 그런데 동경관과 경주역 구내와의 거리는 약 600m로 3리의 거리이
다. 또한 『신증동국여지승람』 경주부 고적조에서 경주역 구내에서 다시
동쪽으로 약 300m 거리에 있는 남고루와 전랑지 일원의 遺址를 두고 착
각하여 기록한 금성의 위치를 '府東四里'라 하고 있으므로 경주역 경내의

---

10 齋藤忠은 「新羅一統時代の文化」 『朝鮮古代文化の研究』, 東京 地人書館, 1943, 176쪽
  (『新羅文化論考』, 길천홍문관, 1973, 161쪽에 재수록)에서 봉성사의 위치를 성동리의
  경주역 부근의 절터로 추정하였다. 현 경주역은 1936년 12월 1일 처음 영업을 시작한 이
  후 이전된 적이 없으므로 당시 성동리 경주역 부근의 사지는 현 성동동 제2사지이다.
11 박방룡, 『新羅都城研究』, 동아대 대학원 박사학위논문, 1997, 143쪽의 '도성내사찰일람
  표' 가운데 98번에는 성동동 제2사지를 봉성사로 추정하였다. 그러나 한편으로는 정확
  한 위치를 모르는 사지에 봉성사를 포함하였다(박방룡, 「신라 왕경의 사찰조영」 『도시
  와 미술』, 제12회전국학술대회, 한국미술사교육연구회, 1999, 133~134쪽).
12 국립경주박물관, 『경주유적지도』, 경주시, 1997, 36쪽 참고.
13 이영호, 「신라 중대 왕실의 관사적 기능」 『한국사연구』 43, 한국사연구회, 1983, 99쪽
  「표 6」 ; 채상식, 「신라 통일기의 성전사원의 구조와 기능」 『부산사학』 8집, 부산사학회,
  1984, 「표 1」 참고 ; 김창호, 「신라 밀교사원 사천왕사의 역사적 위치」 『밀교학보』 3집,
  위덕대 밀교문화연구원, 2001, 91쪽 주18.

사진 2 경주역

'성동동 제2사지'를 '府東四里'로 보기는 어려울 것 같다. 따라서 성동동 제2사지도 봉성사로 추정하기는 곤란하다.

3. 성동동 전랑지

다나카 도시아키田中俊明는 奉聖寺와 信忠奉聖寺가 동일 사찰이 아닐 수도 있다는 전제아래 오사카 긴따로大坂金太郎가 조사한 자료를 기초로 하마다 고사쿠濱田耕作·우메하라 스에지梅原末治가 제작한 도면에서 제시된 봉

그림 2 경주읍성과 주변 유적

성사 추정지를(그림참조)[14] 전랑지 일원으로 판단한 뒤 이를 계승하였다
[15]. 그리고 하마다 고사쿠濱田耕作·우메하라 스에지梅原末治가 절터에 탑지
와 초석이 남아 있다고 한 부분을 전랑지에서 확인된 초석과 건물 기단지
로 해석하였다. 또한 그는 신문왕 5년(685)에 봉성사가 전랑지 일원에서
먼저 창건되고 32년 후인 성덕왕 16년(717)에 새로이 축성된 '新宮'이 봉성
사를 확장한 것일 가능성이 높다고 지적하였다[16]. 그러나 다나카 도시아키

---

14 濱田耕作·梅原末治,『新羅古瓦の研究』, 京都帝國大學 文學部 考古學研究報告 제13
    책, 刀江書院, 1934, 17쪽과 18쪽 좌측면 제11도 참조.
15 田中俊明, 「慶州新羅廢寺考(3)」『堺女子短期大學紀要』27, 堺女子短期大學, 1992, 1~
    4쪽.
16 전랑지Ⅳ구역은 정면 3칸×측면 3칸의 건물로 최근에는 사찰과 무관한 명당으로 추정

사진 3 전랑지

田中俊明가 추정한 전랑지 일원은 발굴결과 건물이 엄격한 좌우대칭을 하고 있어, 그 가운데 일부를 분리시켜 독립된 寺域으로 보기는 어렵다[17].

또한 하마다 고사쿠濱田耕作·우메하라 스에지梅原末治가 추정한 절터의 위치는 주변의 상황을 고려하여 정확하게 비정한다면 전랑지보다는 오히려 앞서 언급한 바와 같이 사이토 타다시齋藤忠가 1943년에 비정한 바 있는 경주역 구내의 절터인 '성동동 제2사지'일 가능성이 높다. 그 점은 1934년 지도를 살펴보면, 봉성사의 위치가 경주읍성 남벽의 정동에 위치

되고 있다(김창호, 「고신라의 도성제 문제」『신라왕경연구』, 신라문화제학술발표회논문집 16집, 경주시·동국대 신라문화연구소, 1995, 95쪽 주 35) 참조).

17 국립경주문화재연구소, 『전랑지·남고루 발굴조사보고서』, 1995, 275쪽 도면1 참조.

하는데, 오늘날 경주역의 위치와 방향에서 일치하기 때문이다. 또한 오사카 긴따로大坂金太郎는 봉성사에 석탑재가 남아 있는 것으로 기록하였으며, 그 위치는 성동리 백정부락 동남쪽 畑地로 명시하였다[18].

당시 성동리 白丁部落에는 약 10여 호가 살고 있었지만[19] 전랑지와 그 주변에는 민가가 존재하지 않았다. 또한 경주읍성 동쪽에 있다고 해서 부여된 명칭인 城東里에 있었을 백정부락에서 본다면 전랑지는 동남쪽 방향이 아니라 正東에 가깝다. 그러므로 오히려 성동동 제2사지는 경주읍성의 동남쪽에 가깝다고 할 수 있다. 하지만 성동동 제2사지는 앞서 언급한 바와 같이 '府東四里'에 맞지 않는다.

또한 조선 전기 경주인들은 전랑지와 남고루일원을 금성의 옛터로 생각하였다. 그러므로 金城의 위치에 대해서도 『신증동국여지승람』은 봉성사와 마찬가지로 '在府東四里'로 기록한 것이다. 따라서 만일 다나카 도시아키田中俊明의 추정을 따른다면, 전랑지와 남고루 일원의 '府東四里'에는 봉성사와 금성이 공존하고 있어야 한다. 즉, 조선전기 경주인들이 전랑지 1개소를 두고 금성과 봉성사로 각각 기록하였을 가능성은 없다.

4. 인왕동 사지

최근 인왕동 구교육청 일원이 봉성사지로 추정하는 새로운 견해가 제기되었다. 이는 구교육청 동남쪽 월성로의 동편 배수로에서 1999년 발굴

---

18 大坂金太郎, 「慶州に於ける新羅廢寺址の寺名推定に就て」『朝鮮』10月號(第197號), 朝鮮總督府, 1931, 84쪽.
19 善生永助, 『生活實態調査(其七)』(慶州郡), 조선총독부, 1934, 304~305쪽.

사진 4 永泰二年 奉聖寺銘 납석제 뚜껑

당시 도로유구 · 건물지와 함께 수막새편 · 文樣塼片 등이 출토되었고[20] 인접한 구교육청 구내에서도 와편 및 토기편이 수습된 것과[21] 아울러 구교육청 부근 도로변에서 永泰二年 奉聖寺銘 납석제 뚜껑이 수습된 데 따른 것이다[22]. 한편 이곳에 사찰이 존재했음은 조선시대의 여행기[23]와 일제강점기인 1910년대~1930년대에 제작된 대부분의 지도[24]에서 도 石佛이 유존한 점에서 확인된다. 그리고 인왕동 절터의 위치는 그림 3에서 확인되듯이 앞서 『삼국유사』 혜공왕조의 기록에서 궁궐 북쪽에 있던 뒷간과 봉성사 밭이 인접한 것으로 추정한 앞서의 내용과 일치한다. 뿐만 아니라 奉聖寺銘 蠟石製 뚜껑의 명문에서도 '北方 奉聖寺'로 표기된 것은[25] 그 남쪽에 왕궁인 월성이 위치하였으며, 그 북쪽에 봉성사가 있었

---

20 동국대학교 경주캠퍼스 박물관, 「경주 인왕동 배수로구간 유적」『경주지역 유적 시·발굴조사 보고서』, 2002.

21 박홍국, 「永泰2年 奉聖寺銘 蠟石製 蓋 小考」『불교고고학』제2호, 위덕대학교 박물관, 2002, 105쪽.

22 박홍국, 「永泰2年 奉聖寺銘 蠟石製 蓋 小考」『불교고고학』제2호, 위덕대학교 박물관, 2002.

23 … 路傍有瞻星坮佛塔殆非人力可 …(丁時翰, 『山中日記下』(愚潭先生文集卷之十一), 5월 15일, 1688 ; 정시한지음, 김성찬역주, 『산중일기』, 국학자료원, 1999, 331·432쪽).

24 藤島亥治郎, 『조선건축사론』, 1930(경인문화사 영인본, 1973), 133쪽에 이어서 삽입된 '신라왕경복원도'에는 첨성대 동북방에 불상이 있는 것으로 표기되어 있다. 불상은 첨성대에서 황룡사로 이어지는 소로(현 첨성로) 북쪽 편에 위치하고 있다. 이 점은 정시한이 도로 옆에 첨성대와 함께 불탑이 있다고 한 표현과 정확히 일치한다. 따라서 정확한 위치는 선덕여자고등학교 사거리를 중심으로 하는 북쪽지역이다.

25 永泰 2년(766) 7월 ○○ … 北方 奉聖寺이다.

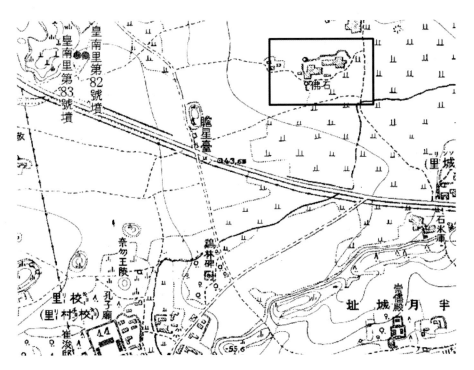

그림 3 추정 봉성사지와 월성(1918년 이전)

던 까닭일 것이다. 그리고 이 위치를 '府東四里'로 표현한 점은『신증동국
여지승람』경주부 고적조에서 절터 남쪽의 월성을 '在府東南五里'라 표현
한 것과 정확히 일치한다.

한편, 경주지역에서의 방향표기는 신라시대 이래 지금까지 동일한 관
념아래 지속되고 있다. 즉 동해의 감포읍과 울산 방면은 동쪽, 남산 서쪽
인 내남면과 언양·부산 방면은 남쪽, 건천읍과 영천·대구 방면은 서쪽, 포
항 방면은 북쪽으로 일관되게 표기하고 있다. 따라서 위와 같은 봉성사의
위치 추정은 굳이 경주읍성의 정동방향에 놓인 경주역 경내의 성동동 제
2사지와 전랑지 주변을 고집할 필요가 없다. 이 점은『신증동국여지승람』
경주부에서 울산방면에 놓인 지명과 유적인 사등이천 · 사천왕사 · 효소

사진 5 인왕동사지

왕릉·성덕왕릉·토함산 등을 '府東'으로 표기하고 있는데서 뒷받침되고 있다.

따라서 관련 기록과 출토된 유물로 미루어 볼 때 봉성사의 위치는 기왕의 견해처럼 나원리 오층석탑이 있는 절터 또는 성동동 제2사지일 가능성보다는 인왕동 구교육청 일원일 가능성이 높다. 또한 이 점은 후술하는 『삼국유사』의 내용 분석에서 더욱 보완될 것이다.

Ⅲ. 창건 배경과 寺格

『삼국사기』 신라본기에 의하면, 문무왕은 재위 말기에 해당하는 670년 경 선덕여왕 이후 30여 년 동안 중단되었던 불사를 다시 시작하는데, 대표적인 사찰이 四天王寺(679년) · 感恩寺(682년) · 奉聖寺(685년 봄) · 望德寺(685년 4월)이다. 이 가운데 사천왕사와 망덕사는 『삼국유사』 문호왕 법민조에 의하면, 나당전쟁 기간 중에 창건되기 시작한 것으로 알려졌으나, 감은사와 봉성사는 창건 배경과 시점이 정확히 기록되지 않았다. 그러나 사원의 규모에 따라 차이는 있겠으나 일반적으로 신라 사회에서 사찰을 창건한 뒤 완성되는데 소요되는 기간은 10년 내외이었던 점을 감안하면[26], 감은사와 봉성사 역시 문무왕 말기에 공사를 시작하여 신문왕 원년과 5년에 이르러 완성되었을 것이다.

그런데 동시기에 잇달아 國刹을 4개소나 창건한 점은 단순한 불사가

---

26 봉은사의 경우, 혜공왕대 시창되어 원성왕 10년에 낙성되었다(이영호, 「신라 중대 왕실 사원의 관사적 기능」『한국사연구』43, 한국사연구회, 1983, 85~86쪽) 즉, 10년 이상의 기간이 소요되었음을 알 수 있다.

아님을 시사한다. 그리고 이는 당연한 것이겠지만 문무왕 말년의 정치·사회적 배경과 관련이 있는 것으로 추정된다. 그 가운데 사천왕사와 망덕사는 나당전쟁 기간 중에 창건된 대표적인 호국사찰이며, 감은사 역시 기록처럼 동해를 통해서 신라로 침입하는 왜적을 불력으로 방어하고자 하는 호국적 성격을 띤 사찰일 가능성이 높다.

그러나 봉성사는 세 사원과 달리『삼국유사』의 惠通降龍條의 기록에 의하면, 신문왕이 전생에 臧人이었던 신충과의 악연을 해소하기 위해서 창건한 사원으로 등장한다. 즉 봉성사는 신문왕이 창건을 주도한 국찰이기는 하나 奉祀의 대상은 국가나 왕실이 아니라 평범한 백성인 신충이라는 것이다.

만일 그렇다면『삼국사기』잡지 직관조에서 성전사원 7개소 가운데 두 번째로 기록된 점은 여전히 이해하기 힘든 부분으로 남는다. 따라서 그 점은 반대로 신충을 위해서 봉성사를 창건하였다는『삼국유사』의 기록을 의심하게 한다. 특히『삼국유사』기이편 효공왕조 및 경명왕조의 기록으로 볼 때[27], 봉성사는 신라 하대에도 여전히 영묘사·사천왕사·황룡사 등과 함께 국가의 재난을 경고하는 호국사찰의 면모를 그대로 지니고 있어, 사격이 중대에만 국한하여 유지된 것이 아니라 창건이후 줄곧 호국사찰의 기능과 역할을 담당한 것으로 생각되기 때문이다. 그리고 이 경우에도 신문왕 5년 이래 중대와 하대에 걸친 250여 년간 護國寺刹 또는 왕실의 원찰로 기능한 주된 원인이 무엇인가 하는 점은 아직 밝혀져 있지 않다.

따라서 이쯤에서 주목되는 것은 중대의 성전사원 가운데 봉성사와 같이 '奉'자를 사용하는 奉德寺와 奉恩寺에 대한 창건배경이다. 제34대 효성왕이 창건한 봉덕사의 경우 '德'을 공경하여 받든다는 뜻인데, '德'의 정

---

27 第五十二孝恭王 光化十五年壬申 奉聖寺外門東西二十一間鵲巢(『삼국유사』기이편 효공왕조).

사진 6 감은사지

확한 실체는 부왕인 제33대 성덕대왕이다[28]. 제36대 혜공왕이 始創하여 원성왕 10년에 낙성된 봉은사의 경우 '恩惠'를 받든다는 뜻인데, 은혜의 정확한 실체는 제25대 진지왕이다. 이처럼 봉은사가 진지왕을 위해서 창건된 이유는 그가 중대왕실의 실질적인 시조로 추앙받았던 존재였기 때문이다. 마찬가지로 감은사의 경우 비록 문무왕이 직접 구상한 寺名이 무엇이었는지는 현재 알 수 없으나, 신문왕이 감은사로 한 것은 부왕의 은혜에 감사한다는 뜻이었다. 즉, 삼국통일을 완수하여 外患을 없애준 '문

---

28 물론 『삼국유사』 성덕왕조처럼 "성덕왕이 무열왕을 위하여 봉덕사를 창건하였다"라는 기록도 확인되지만, 봉덕사는 효성왕이 성덕왕을 위하여 창건된 사찰임은 분명하다. (홍사준, 「봉덕사범종고」『然齋考古論集』, 고고미술자료 12집, 고고미술동인회, 1967, 52쪽) ; 이기백, 「황룡사와 그 창건」『신라사상사연구』, 일조각, 1986, 53쪽 주 4)

무왕의 은혜에 감사드린다'는 뜻이다. 이 경우에도 '恩'의 직접적인 실체는 문무왕이다. 그러면 문무왕대에 창건되기 시작한 봉성사의 '聖'의 실체는 누구인가 하는 점이다. 아울러 일반적으로 고대사회에서 '聖'이라는 단어는 황제 또는 왕에게만 적용되는 단어인데 신라 국왕 역시 황제와 대등한 지위와 표현을 사용하였다[29].

당시 문무왕이 삼국통일전쟁과 나당전쟁이라는 17년간의 전쟁을 676년에 끝내고 남은 재위기간 5년 동안 사천왕사와 더불어 창건하기 시작한 사찰이 감은사·봉성사·망덕사이다. 그러므로 이들 세 사원의 성격은 16년이라는 기나긴 전쟁 이후에 당면한 신라사회의 내부사정과 밀접한 관련이 있을 것이다. 그리고 문무왕 19년에 창건된 사천왕사를 제외하면 세 사원 모두 문무왕 재위 시에 완성되지 못하고 사후인 신문왕 원년과 5년에 각각 완성되었다. 그 결과 감은사처럼 부분적으로는 성격변화를 일으키기도 하지만, 봉성사와 망덕사는 최초에 의도된 창건 배경과 성격은 그대로 유지되었을 것이다.

감은사는 앞서 언급한 바와 같이 여러 정황으로 미루어 볼 경우 백제멸망 후 신라와 일본의 긴장관계가 그 배경으로 작용하여 호국사찰의 성격을 띠고 창건되었을 것이나, 결과적으로는 신문왕의 뜻에 의해 문무왕의 장지인 대왕암을 지키는 원찰이 되고 말았다. 그러나 그렇다고 해서 호국사찰의 기능이 사라진 것은 아닐 것이다. 망덕사는 사천왕사의 연장선상에서 당의 사신을 기만하기 위해 창건된 것처럼 전해오고 있으나, 모든 기록에서 신라인들이 당 황실의 안녕을 기원하던 사찰로 인식하고 있는 점으로 볼 때 나당동맹의 연장선상에서 사원의 성격이 이해되어져야 할 것이다.

---

29 김창겸, 「신라 국왕의 황제적 지위」 『신라사학보』 2, 신라사학회, 2004.

이러한 문무왕대의 정치적 상황이나 중대 왕실의 맥락에서 본다면 봉성사가 앞서 언급한 것처럼 신충이라는 신하를 위해 지은 사원일 경우 황제 또는 왕을 뜻하는 '聖' 자를 사용하였다는 것은 받아들이기 어렵다. 이로 미루어 보면, 신문왕과 신충의 악연이라는 설화의 내용은 봉성사의 창건과 무관함을 시사한다. 따라서 당시 황제를 뜻하는 글자인 '聖' 자를 사용할 수 있는 인물을 문무왕의 입장에서 고려한다면 父王인 태종무열왕을 제외하고는 있을 수가 없다.

즉, 문무왕은 모든 전쟁이 종료된 다음에 삼국통일전쟁을 성공적으로 완수한 것을 기념하고 전쟁기간 중에 돌아가신 아버지 태종무열왕을 위하여 봉성사를 창건하기 시작한 것이다. 그리고 이전에 이미 문무왕은 아버지의 시호를 당 태종과 같은 황제의 반열에 올려 太宗이라 하였으며, 또한 이로 인해 신문왕 12년(692)에는 당과 외교적 마찰을 빚기도 하였다[30]. 그런 까닭에 신문왕은 부왕인 문무왕의 뜻을 계승하여 사찰의 명칭 또한 최고의 격을 가진 '奉聖寺'라고 칭한 것이다[31]. 또한 이로 인해 봉성사 이후 중대 왕실은 부왕을 위해 원찰을 창건하거나 황복사 삼층석탑의 경우처럼 불사리를 봉안하는 의식을 갖기도 하는데, 몇몇 사찰은 명칭조차 '感恩'·'奉德'·'奉恩'이라 하여 비슷한 경향을 띠게 되는 것이다. 그리고 이러한 추론은 성전사원 가운데 일부가 왕실의 원당적 성격을 띠고 있다는 그 동안의 연구 성과와 일치한다.

---

30 황운룡, 「新羅 太宗廟號의 紛糾始末」『동국사학』17집, 동국사학회, 1982.
31 『삼국유사』기이제2 성덕왕조의 기록을 따라 무열왕의 원찰을 奉德寺로 추정하는 견해도 있다(이호영, 「신라 중대 왕실과 봉덕사」『사학지』8, 단국대 사학회, 1974 ; 이영호, 「신라 중대 왕실사원의 관사적 기능」『한국사연구』43, 한국사연구회, 1983, 85쪽). 그러나 『삼국유사』권제3, 흥법제3 봉덕사종조에서는 효성왕 2년(738)에 부왕인 성덕대왕을 위하여 창건한 것으로 기록하였다.

표 1 신라중대왕실과 원찰

창건시기	신문왕		효소왕	성덕왕	효성왕	경덕왕	혜공왕
봉사대상	무열왕	문무왕	신문왕	효소왕	성덕왕	경덕왕(?)	진지왕
사원명	奉聖寺	感恩寺	皇福寺 三層石塔		奉德寺	佛國寺·石佛寺	奉恩寺

효성왕은 부왕인 성덕왕을 위해 奉德寺를 창건하였으나 그 자신은 화장한 후 산골하였으며, 왕위 또한 아들이 아니라 동생인 경덕왕에게 계승됨으로 해서 원찰이 존재하지 않았다. 경덕왕은 부왕을 위한 봉덕사가 창건되어 있었음에도 불구하고 당대의 국력을 기울여 김대성과 함께 불국사와 석불사를 창건하기 시작하였다. 혜공왕 역시 아버지인 경덕왕이 시작한 불국사와 석불사를 완성하는 상황이었으며, 한편으로는 중대 왕실의 시조격인 진지왕을 위한 봉은사를 창건하였다. 즉 제25대 진지왕의 경우 비록 중대 왕은 아닐지라도 중대 왕실을 가능케 한 실질적인 존재여서 늦은 시기이지만 그는 원찰을 가질 수가 있었다. 그리고 혜공왕은 부왕인 경덕왕을 위하여 원찰을 창건하지 않았는데, 이로 미루어 경덕왕의 실질적 원찰은 불국사와 석불사일 가능성이 크다. 결과적으로 봉성사 창건 이후 그 영향으로 인해 중대의 왕들은 돌아가신 선왕을 위하여 원찰을 건립하는 경향을 띠게 되며, 효성왕을 제외한 중대의 왕과 중대 왕실의 시조격인 진지왕 모두 원찰을 갖게 된 것이다.

한편, 무열왕의 극락왕생을 기원하고 그의 영혼을 봉안하였던 봉성사는 높은 사격과 함께 사찰의 규모가 웅장했으리라 생각된다. 그리고 이에 대해서는 비록 창건 당시는 아니나 여러 차례 중창을 거친 신라 말기인 효공왕대의 모습은 참고가 된다.

제52대 효공왕 때인 光化 15년 임신(912)에 봉성사 바깥문 동서 21칸에 까치가 집을 지었다. 또 신덕왕 즉위 4년 을해(915)에 영묘사 안 행랑에 까치 집이 34개나 되고, 까마귀 집이 40개나 되었다. 또 3월에는 서리가 두 번이나 내렸고, 6월에는 斬浦의 물이 바닷물과 사흘 동안이나 서로 싸웠다[32].

위의 기록에서 봉성사의 규모와 웅장함을 상징적으로 보여주는 外門 21칸이라는 표현은 사찰이 완성되는데 오랜 기간이 필요했음을 보여주는 좋은 예이다. 이 외문은 中門이 아닌 南門의 존재를 말하는 것이다. 특히 신라 최대의 호국사찰인 황룡사의 중문이 정면 5칸 측면 4칸으로 20칸이며[33], 남문이 정면 5칸 측면 2칸으로 10칸이었던 점을 고려하면 봉성사 역시 사명에 어울리는 규모를 자랑했을 것으로 추정된다. 따라서 봉성사는 국가의 중요사원인 5개의 성전사원 가운데서 사천왕사 다음으로 기록된 점과[34] 관련하여 그 사격을 의심할 수 없다. 또한 앞서 살핀 바와 같이 비록 기록이긴 하지만 사찰의 규모 역시 문무왕이 창건하기 시작한 4개소 사원 가운데 이미 그 규모가 밝혀져 있는 사천왕사·감은사·망덕사보다 오히려 더 큰 규모일 가능성이 제기된다.

---

32 『삼국유사』 권제5, 기이제2 효공왕.

33 박홍국, 「永泰2年 奉聖寺銘 蠟石製 蓋 小考」『불교고고학』 제2호, 위덕대학교 박물관, 2002, 104쪽.

34 四天王寺成典은 … 奉聖寺成典은 경덕왕이 修營奉聖寺使院으로 고쳤으나, 후에 옛 이름대로 하였다. 衿荷臣은 1명이었는데, 경덕왕이 檢校使로 고쳤다. 혜공왕이 다시 금하신으로 칭하였으나 애장왕이 令으로 고쳤다. 上堂은 1명이었는데 경덕왕이 副使로 고쳤으나, 후에 다시 상당으로 칭하였다. 赤位는 1명이었는데 경덕왕이 判官으로 고쳤으나, 후에 다시 적위로 칭하였다. 青位는 1명이었는데 경덕왕이 錄事로 고쳤으나 후에 다시 青位로 칭하였다. 史는 2명이었는데 경덕왕이 典으로 고쳤으나, 후에 다시 사로 칭하였다. 感恩寺成典은 … 奉德寺成典은 … 奉恩寺成典은 … 靈廟寺成典은 … 永興寺成典은 …(『삼국사기』 권제38, 직관 상).

Ⅳ. 절원당의 건립과 사원성격의 변화

　모든 유적은 위치 그 자체로 일정한 역사성을 담보하고 있다는 점을 고려할 경우, 봉성사는 정궁인 월성의 북쪽이긴 하지만 왕성구역 내부임과 아울러 삼국기 신라의 역대 왕과 귀족들의 능묘역인 경주분지 고분군의 남단에 위치하고 있어 사찰 성격의 특수성이 간취되고 있다. 이 점은 중대 왕실의 원찰이 분명한 황복사 또는 봉덕사 등이 왕성 주변임을 감안하면, 별다른 특징이 아닐 수도 있다. 하지만 봉성사의 위치가 역대 선조의 무덤과 인접하여 조성된 점은 아마도 무열왕뿐만 아니라 삼국통일전쟁 기간 동안 전사한 호국영령을 기리기 위한 조치와 무관하지 않을 가능성이 높다. 물론 삼국통일전쟁이 진행되던 7세기 중엽의 능묘가 모두 왕성 주변지역의 산록에 조영된 점을 감안하면, 경주분지 내 고분은 신라를 건국하거나 지켜온 조상의 무덤 그 자체에 비중을 두고 봉성사의 위치를 판단하였을 가능성이 높다.

　그런데 위와 같은 성격을 띠면서 창건된 봉성사가『삼국유사』또는 황복사출토 비편에서 信忠奉聖寺 또는 奉聖神忠寺라는 별칭으로 등장하여 주목된다. 여기에서 봉성사에 있어 ‘信忠’또는 ‘神忠’은 어떠한 역사적 의

사진 7 월성

미가 있는지 살펴볼 필요가 있다.

　먼저 등장한 신충은 신문왕대의 冤魂이다. 즉, 『삼국유사』권제5, 神呪 제6 惠通降龍조의 봉성사 창건연기 설화를 참고할 경우, 주목되는 요소는 臧人 信忠의 원혼과 신문왕과의 관계 그리고 두 사람의 악연을 풀기 위해 봉성사 사역내 세워진 折怨堂에 얽힌 이야기이다.

　다음은 효성왕과 경덕왕대의 충신이었던 신충이라는 인물이다. 즉, 신충에 대해서 『삼국사기』와 『삼국유사』에서 한 명이 아닌 서로 다른 시기에 존재한 同名異人으로 기록이 남아 있다. 즉, 신문왕대 이전에 살았던 평범한 양인출신의 신충과 경덕왕대 재상을 지낸 신충이다.

　여기서 궁금한 점은 이 두 사람이 同名異人인지 아니면 同一人物이었으나 후대의 전승과정에서 서로 다른 시기의 이야기로 나뉘어져 두 갈래로 파생된 결과를 초래하였는가 하는 점일 것이나 현재 이에 대해서는 알수 없다. 하지만 분명한 것은 효성왕 또는 경덕왕대의 신충과 신문왕대의 신충은 왕과 신하라는 입장에서 비슷한 인연을 맺고 있음이 주목된다. 즉서로 다른 시기의 신충 모두 왕을 원망하였으나 이후 왕의 조치로 인해스스로 折怨했다는 점이다. 또한 그 배경장소가 월성과 봉성사가 위치한왕성 내부였다는 점이다.

1. 神文王과 臧人 信忠

먼저 신문왕의 전생에 등장하는 장인 신충 관련 기록부터 검토해 보자.

처음에 신문왕이 등창이 나서 혜통에게 치료하여 주기를 청하므로 혜통이 이르러 주문을 외우니 나았다. 이에 (혜통이) 아뢰기를, 폐하께서는 전생에 재상의 몸이 되어 臧人 信忠을 잘못 판결하여 노예로 만들었으니, 신충은 원한을 품고 환생할 때마다 보복하는 것입니다. 지금 이 등창도 신충의 재앙이오니 마땅히 신충을 위하여 절을 창건하시고, 명복을 빌어 풀게하소서! 왕은 깊이 그럴 것으로 여기고, 절을 건립하고 '信忠奉聖寺'라 하였다. 절이 완성되자 공중에서 외치기를, "왕이 절을 건립했으므로 고통을벗고 하늘에 태어났으니, 원한은 이미 풀렸습니다"고 하였다. 따라서 그외침이 있던 땅에 折怨堂을 지었는데 당은 절과 함께 지금도 남아 있다[35].

첫째, 신충의 신분인 장인에 대한 해석인데, 臧은 '선량하다'는 의미이

---

35 『삼국유사』 권제5, 神呪 제6 惠通降龍.

므로 신충은 良人이었다. 이 점은 신문왕이 전생에 재상으로 있을 때 오판으로 인해 신충의 양인신분에서 노예로 전락하였음을 보면 알 수 있다. 즉 신충에게 가장 큰 변화는 신분상의 변화였는데, 양인에서 노예로 전락한 것이 원한의 원인이 된 것이다. 그러므로 臧에 이미 남자 노복이라는 의미도 있지만 신충은 애초부터 노복이 아니었으며, 장인을 노예로 만든 일이 원한으로 남았기에 '臧人'을 사내종으로 해석할 수 없다[36].

둘째, 신문왕은 692년에 崩御하였으므로 그의 생물학적 나이를 50~60세 내외로 본다면 그는 7세기 전반에 태어난 것으로 가정할 수 있다. 또한 일반적으로 전생이라고 하면 바로 앞 시기를 말하므로, 그가 재상으로 재직할 당시는 진평왕대인 7세기 전반을 의미한다. 그러므로 신문왕의 전생과 신충이 맞부딪친 시기는 넓게 보아 7세기 전반일 가능성이 높다. 그러나 양인이 노예로 전락하는 경로는 다양하므로, 신충이 구체적으로 어떤 사건에 연루되어 신분상의 변동을 초래했는지는 알 수 없다.

다만, 관련 기록을 그대로 신뢰하면서 신충의 삶을 재구성해보면 다음과 같다. 혜통에 의하면, 신충은 윤회하여 환생할 때마다 보복으로 신문왕을 괴롭힌다고 하였는데, 본문에서 '처음에'라는 표현으로 미루어 신문왕에게 등창이 난 것은 즉위년인 681년 전후일 것이다. 그리고 신충의 경우 7세기 전반에 노예 신분으로 전환된 뒤 원한을 품고 7세기 중엽에 죽었다고 가정해도 그는 682년까지 한 번 정도 더 환생하였을 가능성이 있다. 이유는 혜통의 말에서 '환생할 때마다'라는 표현에서 알 수 있듯이 그는 한 번만 환생한 것이 아니었음과 왕이 봉성사를 창건할 당시인 685년

---

36 강인구 外, 『역주삼국유사Ⅳ』, 이회문화사, 2003, 222쪽 주 21에서는 권상로본의 양인과 이재호본의 양민을 같이 소개한 뒤 이어서 '臧'은 사내 종을 의미한다고 하였다. 즉, 양인보다는 사내 종으로 해석하였다.

에 신충은 하늘에서 신문왕에게 고마움을 전달하였기 때문이다. 여하튼 이처럼 신충과 신문왕의 악연을 소재로 한 창건설화가 구체적으로 전해옴에도 불구하고 그의 신분이 양인임에 불과함은 앞서 살핀 바와 같은 봉성사의 사격을 충분히 설명해 주지 못한다.

따라서 신충과 신문왕에 관한 이 설화는 다른 사찰에서는 전혀 목격되지 않는 折怨堂이라는 건물의 등장과 관련하여 후대에 생겨난 설화이었으나 점차 창건설화로 옮겨져 확대되었을 가능성이 크다. 결과적으로 위 설화는 창건설화가 아니며 절원당의 건립 역시 신문왕대로 보기 어렵게 한다. 즉 절원당은 신충과 관련된 건물이 분명하기는 하나 신문왕대의 인물이 아닌 효성왕대의 신충일 가능성이 높다. 여기에서 굳이 사실로서 취할 바가 있다면, 신문왕이 등창을 앓았을 가능성 정도이다.

그런데 왜 하필이면 신충의 절원당이 왕궁인 월성의 북쪽이자 내제석궁이었던 천주사의 서편 그리고 4세기 중엽~6세기 전반에 조성된 신라 지배층의 능묘가 모셔진 구역 남단에 창건된 봉성사와 관련된 것일까? 그리고 창건설화의 내용으로 보아 절원당은 '맺힌 원한을 끊다'는 의미인데, 그로 인해 절원당은 개인적으로 맺힌 원한을 지닌 신라인들이 절원당에 와서 기도로써 끊고 가는 그런 독특한 역할을 담당한 특별한 장소로 생각된다. 그런 까닭에 봉성사의 절원당은 그 독특한 성격으로 인해 신라인들에게는 널리 회자되던 유명한 건물이었을 것이다.

하지만 위의 내용으로 봉성사 내에 절원당이 있었는지 아니면 봉성사 곁에 절원당이라는 독립된 건물이 있었는지는 정확하지 않다. 그러나 설화의 경우 내용은 비록 허구일 가능성이 높다하더라도 그 배경으로 동원된 공간만큼은 당대의 상황을 정확하게 반영하는 경우가 많다는 점에서 보면, 봉성사의 창건 직후 신충이 하늘에서 목소리로 신문왕에게 감사를 표했으며 그 목소리가 들린 곳 아래에 절원당을 세웠다고 한다. 이 경우

상식적으로 생각하면, 신문왕이 하늘의 신충으로부터 목소리를 들은 장소는 봉성사였으며, 시기는 낙성식을 가질 때였을 것이다. 그러면 절원당의 경우 봉성사 경내이거나 또는 그로부터 멀지 않은 아주 가까운 장소였을 것이다.

2. 景德王과 上大等 信忠

절원당과 관련해서 주목되는 또 다른 인물은 경덕왕 22년(763)에 免職된 上大等 信忠이다.

① 효성왕이 潛邸에 있을 때 어진 선비 信忠과 궁 뜰의 잣나무 밑에서 바둑을 두었는데, 언젠가 (신충에게) 말하기를 "훗날에 내가 만약 그대를 잊는다면 저 잣나무와 같으리라"고 하였다. 신충은 일어나 절하였다. 몇 달이 지나서 효성왕이 즉위하여 공신들에게 상을 주면서 신충을 잊고 차례에 넣지 않았다. 신충은 원망하여 노래를 지어 잣나무에 붙였더니 나무가 문득 누렇게 시들어 버렸다. 왕은 괴이하게 여겨 사람을 시켜 살펴보게 하였더니 노래를 얻어서 바쳤다. (왕은) 크게 놀라 말하기를 "국사에 골몰하여 공신을 거의 잊었다"고 하였다. 이에 신충을 불러 벼슬을 주니 잣나무는 바로 되살아났다. 그 노래는 다음과 같다. 질 좋은 잣나무는 / 가을에 아니 그릇 떨어지되 / 너 어찌 잊으랴 말씀하신 / 우럴던 낯은 변하셨도다 / 달그림자 진 옛 못엔 / 흐르는 물결엣 모래인양 / 모습이사 바라나 / 세상 모두 잃은 처지여라. 뒷 구는 없어졌다. 이로 인해 그는 은총이 두 왕조에서 드러났다. 경덕왕 22년 계묘(763)에 신충은 두 벗과 서로 약속하여 벼슬을 내놓고

南岳으로 들어가 두 번이나 불러도 오지 않았다. 머리를 깎고 승려가 되어 왕을 위해 斷俗寺를 세우고 (그곳에서) 살았다. 평생 산간계곡에서 일생을 마치며 대왕의 복을 빌기를 원했으므로 왕은 이를 허락하였다. 왕의 진영을 모셔 두었는데, 금당의 뒷벽에 있는 것이 그것이다. …(『三和尙傳』을 보면 信忠奉聖寺가 있어, 이것과 서로 혼동되고 있다. 그러나 셈하여 보니, 신문왕 때는 경덕왕과 이미 100여 년이나 차이가 있다. 하물며 신문왕과 신충의 일은 지난 세상의 일이니, 이 신충이 아님은 명백하다. 마땅히 자세히 살펴야 할 것이다)[37].

② 上大等 信忠과 侍中 金邕이 免職되었다. 大奈麻 李純이 왕의 총신이었는데, 홀연히 하루아침에 세상을 피하여 산으로 들어갔다. 여러 차례 불렀으나 나가지 않고 머리를 깎고 중이 되어 왕을 위하여 단속사를 세우고 이에 머물렀다. 후에 왕이 풍악을 좋아한다는 말을 듣고 곧 궁궐 문에 나아가 간하여 아뢰었다. "신이 듣건대, 옛날 桀王과 紂王이 술과 여자에 빠져 음탕한 음악을 그치지 않다가, 이로 말미암아 정치가 쇠퇴하게 되고 나라가 망하였다고 합니다. 앞에 엎어진 수레가 있으면 뒤의 수레는 마땅히 경계하여야 될 것입니다. 엎드려 바라건대, 대왕께서는 허물을 고치시고 자신을 새롭게 하여 나라의 수명을 길게 하소서" 왕이 이 말을 듣고 감탄하여 풍악을 그치고는 곧 그를 방으로 인도하여 불교의 오묘한 이치와 나라를 다스리는 방책을 며칠 동안 듣다가 그쳤다[38].

③ 효성왕이 잠저에 있을 때에, 일찍이 김신충과 더불어 잣나무 아래에서 바둑을 두다가 일러 말하기를 "다른 날에 내 그대를 잊지 않으리라. 그

---

37 『삼국유사』 권제5, 避隱 제8 信忠掛冠.
38 『삼국사기』 신라본기 경덕왕 22년 8월조.

대 또한 정조를 바꾸지 말라. 저버리는 바 있을 때에는 이 잣나무와 같아지리라"하였다. 얼마 지나지 않아 왕이 즉위하였는데, 공신을 기록하면서 신충을 빠뜨려 버렸다. 이에 신충이 노래를 지어 잣나무에 붙이니 잣나무가 갑자기 말라 죽어 버렸다. 왕이 듣고 놀라며 말하기를, "국사에 바빠 공신을 잊을 뻔 했구나"하였다. 이에 불러 벼슬을 내리니 잣나무가 소생하였다[39].

『삼국사기』 신라본기 효성왕 3년(739) 정월조와 경덕왕 22년(763) 8월조에서 신충은 각각 中侍와 上大等 신분의 역사적 인물로 등장한다. 따라서 신문왕 즉위 초에 봉성사의 창건연기 설화의 중심인물로 거론되는 신충은 허구이며, 절원당의 주인공은 효성왕대의 신충일 가능성이 높다. 마찬가지로 『삼국유사』의 내용을 신뢰한다면, 怨歌의 작자는 효성왕대의 신충이며, 원가를 전달하고자 한 대상은 잠저에서 한 약속을 잊고 공신반열에서 자신을 누락시킨 효성왕이다. 그러나 이기백은 원가가 『삼국유사』의 기록처럼 신충이 효성왕에 의해서 등용되기 이전에 지었다고 하기보다는 경덕왕이 신충을 면직시킨 일이 계기가 된 것으로 파악하였다[40].

여하튼 효성왕의 실수로 인해 발생한 신충의 짧은 원망이든 경덕왕 22년에 면직사건이든 신충은 원한을 왕에게 가졌음이 분명하며, 이 사실이 후대에 이르러 마치 신문왕대의 일처럼 새로운 상황설정과 함께 널리 알려지게 된 것이다. 그러므로 신충봉성사는 신문왕 5년 창건 당시의 寺名인 奉聖寺에다 효성왕과 경덕왕대의 인물인 信忠이 더해진 것으로 볼 수

---

39 『증보문헌비고』 권106, 樂考17 宮庭柏.
40 이기백, 『景德王과 斷俗寺·怨歌』 『韓國思想』 5집, 1962(『신라정치사회사연구』, 일조각, 1984, 224~225쪽에 재수록).

있다. 즉 중대에 이르러 신충이 봉성사와 인연을 맺게 된 것이다. 그러면 신충이 봉성사와 직접적으로 인연을 맺게 된 계기는 절원당이며, 이의 건립으로 인해 외부에 알려진 것이다. 이 경우 앞서 살핀바와 같이 절원당은 봉성사와 떨어진 독립된 공간이라기보다는 봉성사 경내 또는 봉성사 소유의 공간에 세워졌을 가능성이 크다. 그런 까닭에 이후 언제부터인지는 정확하지 않으나 서서히 신충봉성사라는 사명이 일반적으로 통용될 수 있었다. 반대로 만일 절원당이 봉성사와 무관한 공간에 세워졌다면 신충봉성사라는 사명은 성립되기 어려웠을 것이다.

3. 절원당의 건립과 성격변화

『삼국유사』혜통항룡조는 처음부터 신충을 위해서 '신충봉성사'를 창건한 후 이에 고마움을 표시한 신충의 외침이 있던 하늘 아래에 세운 것으로 기록하였다. 하지만 밝혀진 바와 같이 봉성사의 창건은 성전사원인 국찰로 왕실과 관련된 사찰임이 분명하므로 신문왕대의 신충과는 관련이 없다. 따라서 신문왕대가 아닌 효성왕 또는 경덕왕대의 신충으로 생각한다면 그와 봉성사는 아무런 관련이 없어 보인다. 즉 효성왕 또는 경덕왕대에 이르러 왜 절원당이 봉성사 내에 세워졌는지에 대해서는 관련기록이 없다. 따라서 주목되는 것은 怨歌와 折怨堂의 관련성이다. 달리 말하면, 신충이 효성왕 또는 경덕왕을 원망했으며, 왕이 이를 해소시켰다는 이야기에서 그랬을 가능성이 엿보이는 것이다. 또한 효성왕대의 신충과 경덕왕대의 신충으로 나누어 과연 어느 왕대의 신충이 원가를 지었는가 하는 것과 원가와 봉성사와의 관련성이다. 그런 연후에야 절원당이 봉성사 내에 건립되는 이유를 찾을 수 있을 것이다.

한편 신문왕대의 설화에서 확인되듯이 절원당의 주인공이 신충임은 분명하다. 그러므로 봉성사는 어떤 형태로든 신충과 인연이 있었으며, 그로 인해 세워진 절원당과 신충과의 인연이 후대에 이르러 부가된 까닭에 봉성사라고 하면 곧 신충을 떠올리게 되는 요소로 작용하게 된 것이다.

이 점을 염두에 둔다면 효성왕과 신충이 바둑을 두던 곳인 '宮庭栢樹下'가 주목된다. 그 곳은 봉성사와 관련된 곳이며 궁극적으로는 절원당이 건립된 곳이기 때문이다. 그 장소는 신충이 효성왕의 즉위에 도움을 준 공신 반열에서 빠진 것을 원망하는 원가를 지었던 곳이기도 하지만 그와 효성왕이 즉위하기 이전에 같이 바둑을 두던 궁궐 뜰의 잣나무가 있던 곳이다. 즉 신충이 그 장소에 있던 잣나무에 원가를 붙이자 그로 인해 잣나무가 말라죽어 갔으며, 그 이야기를 들은 효성왕에 의해 신충이 등용되자 잣나무가 다시 소생한 것이다. 이는 효성왕의 조치로 신충의 원망이 '折怨'되었기 때문이다. 그러므로 절원당의 위치는 궁궐 뜰에 있던 잣나무 주변이다. 그 곳이야말로 원가의 발상지이기 때문이다. 그러므로 절원당이 봉성사와 함께 같이 전해온다는 『삼국유사』 혜통항룡조 말미의 내용과 지금까지 논의된 내용으로 미루어 본다면, 봉성사와 절원당이 위치한 곳은 廣義의 宮庭에 속한다고 할 수 있다. 이는 문무왕대에 이르러 東宮·南宮·北宮 등이 월성 주변에 건립되면서 王城과 王宮의 개념이 확장된 결과이다[41].

만일 이기백의 견해처럼, 원가가 신충이 경덕왕 22년에 면직된 것을 계기로 왕경을 떠나기 전에 지은 것이라면 국찰이자 성전사원인 봉성사에다 신충을 위하여 절원당을 건립하지는 않았을 것이다. 경덕왕과 신충과의 인연은 이미 끝났으며, 오히려 왕을 원망하면서 왕경을 떠나는 상황에

---

41 이근직, 「신라 왕성의 위치에 관한 소고」, 『경주문화논총』 5집, 경주문화원 향토문화연구소, 2002, 36~41쪽.

서 그를 위하여 절원당을 세우지는 않았을 것이기 때문이다. 또한 절원당의 성격이 효성왕과 신충과의 개인적인 악연을 배경으로 한 점으로 미루어 볼 때 건립 시기는 효성왕대임을 알 수 있다. 따라서 신충과 봉성사의 창건배경은 아무런 관련이 없음을 알 수 있다. 나아가 봉성사는 일개 개인의 추복사찰이 아닌 국가에서 창건한 사찰이며, 무열왕을 위한 왕실의 원찰임을 이해할 수 있다.

한편, 같은 맥락에서 채상식은 신충이 경덕왕대의 인물이 분명하다면, 『삼국유사』의 신충봉성사는 경덕왕대에 이르러 중창된 사원으로 볼 수밖에 없다는 견해를 밝힌 바 있다[42]. 즉, 그는 봉성사에다 신충이라는 명칭이 덧붙여진 시기는 경덕왕대이며, 그 계기는 신충과 경덕왕의 악연으로 인하여 봉성사가 새로이 중창되면서 붙여진 것으로 생각한 것이다. 이로 미루어 보면, 채상식 역시 봉성사의 창건배경은 신문왕대의 신충과 무관하며, 다만 절원당의 건립배경은 봉성사 중창의 일부분이나 이후부터 신충봉성사라는 사명을 사용했을 것으로 이해하였음을 알 수 있다.

하지만 이러한 견해에는 다음과 같은 문제를 노출시키고 있다. 첫째, 경덕왕과의 인연이 다하여 면직된 신충이 원가로서 자신의 심정을 노래하며 왕경을 떠나는 상황에서 왕실이 그의 원을 풀어주기 위해 봉성사를 중창하면서 절원당을 짓는 것이 가능한가 하는 점이다. 같은 맥락에서 신충이 면직된 이후 어떤 형태로든 경덕왕을 향한 원망이 풀렸다는 이야기는 없다. 또한 이 경우에도 왜 하필이면 절원당이 봉성사와 관련되어야만

---

42 채상식, 「신라통일기 성전사원의 구조와 기능」 『부산사학』 8집, 부산사학회, 1984(『삼국사기연구논선집』 권3, 백산자료원, 1985, 389쪽에 재수록). 그러나 강인구 外, 『역주삼국유사』 Ⅳ, 이회문화사, 2003, 336쪽 주 26)에서는 신충봉성사의 신충과 단속사와 관련된 경덕왕대의 신충을 同名異人으로 보았다.

하는지가 설명되지 않는다.

둘째, 효성왕대 또는 경덕왕대에 절원당이 신충을 위해서 건립되었다 하더라도 신충봉성사라는 사찰의 명칭을 사용했다는 증거를 찾을 수가 없다. 셋째, 경덕왕대에 신충봉성사라는 명칭을 사용했다고 한다면, 8세기 중엽에는 신충을 추모하는 개인 사찰로 성격이 변모하였음을 인정하는 것이 된다. 넷째, 봉성사는 관련 자료에서 확인되듯이 혜공왕대 대공의 난 및 96각간의 난은 물론 효공왕대에 신라의 멸망 징조를 예고하는 호국사찰적 성격이 여전히 유지된 점을 간과하였다. 그러므로 효성왕대 또는 경덕왕대에 있어 봉성사 내부의 변화는 중창이 아닌 절원당의 건립 정도였다. 그러므로 8세기 중엽에는 신충봉성사라는 별칭을 얻기는 어려웠을 것이다.

그러나 여전히 신라 왕실과 신충이라는 인물과의 인연을 봉성사의 창건배경으로 인정하는 견해도 있다[43]. 그 가운데 윤선태는 황복사 비편에서 확인되는 '□聖神忠寺'를[44] '奉聖信忠寺'로 이해한 뒤 황복사 비문의 건립시기를 8세기 중엽으로 추정하였다. 나아가 그는 봉성사의 창건이 신문왕의 치병을 목적으로 했지만, 양인의 이름을 사찰명으로 사용한 점은 중대왕실의 백성을 향한 의지의 천명으로 생각하였다. 나아가 금석문이 1차 사료적 성격을 띠고 있다는 이유로, 『삼국유사』에 등장하는 '信忠奉聖寺'를 '奉聖神忠寺'의 와전이라 하였다[45].

그런데 이 또한 받아들이기 어려운 측면이 많다. 최근에 발견된 8세기

---

43 이영호, 「신라 중대 왕실사원의 관사적 기능」『한국사연구』43, 한국사연구회, 1983, 85쪽 ; 윤선태, 「신라 중대의 성전사원과 국가의례」『신라 금석문의 현황과 과제』(신라문화제학술논문집 제23집), 2002, 경주시 신라문화선양회, 88쪽.

44 ··· □聖神忠寺令伊 ···(황복사출토 비편).

45 윤선태, 「신라의 寺院成典과 衿荷臣」『한국사연구』108집, 한국사연구회, 2000, 5~14쪽.

중엽인 永泰二年銘(766) 납석제 뚜껑에도 여전히 奉聖寺로만 기록되어 있기 때문이다. 또한 전생의 영혼 또는 신하인 신충을 받들기 위하여 창건된 사찰이 왜 국찰이자 왕실의 원찰성격을 띠는 성전사원으로 편입될 수 있는지에 대해서는 언급하지 않았다. 즉, 개인의 추복사찰이 어떻게 성전사원이 될 수 있는가를 먼저 설명해야 될 것이다.

한편으로는 설령 효성왕대 또는 신충이 경덕왕으로부터 면직되어 왕경을 떠나는 763년경인 8세기 중엽에 바로 절원당이 봉성사에 건립되었다 하더라도 이 무렵에 봉성사가 개인의 추복사찰로 사격이 현저히 떨어졌을 가능성은 없다. 왜냐하면 『삼국사기』 직관지에 등장하는 성전사원 관련 기록 자체가 애장왕 6년(805)까지의 상황을 전하는 기록임이 분명한데[46], 이에 의하면 당시까지 봉성사는 성전사원으로 유지되었기 때문이다[47].

그런데 앞서 언급한 바와 같이 비편에서 주목되는 것은, 이 비문이 쓰여 질 당시에는 '봉성신충사'라 하여 이미 국가사찰 또는 왕실의 원당이 아니라 신충 개인의 추복 사찰인 것처럼 표현되었다는 사실이다. 그런데 이는 황복사에 비문이 세워진 시기의 봉성사 상황과 관련이 있다. 즉, 비신을 받치고 있던 두 귀부는 조각의 완성정도 및 형식으로 보아 9세기 후반에 제작된 것이다. 특히 귀부의 귀갑문양의 선각처리와 그 내부에 쓰여진 '王'字는 고려 전기 귀부에 유행하는 대표적인 형식 가운데 하나이다. 아울러 황복사지 출토 비편의 서체는 왕희지체이다[48].

신라사회에서 왕희지체는 8세기 말 김생에 의해 유명해진 이후에[49] 경

---

46 『삼국사기』 직관지에서도 신충봉성사가 아닌 봉성사로만 기록되었음에 유의해야 할 것이다.
47 이영호, 「신라 중대 왕실사원의 관사적 기능」, 『한국사연구』43, 한국사연구회, 1983, 100쪽.
48 김응현, 『書與其人』, 東方研書會, 1995, 159·174~180쪽.
49 관련 기록에 의존할 경우, 신라인 가운데 왕희지체를 처음 습득한 서예가는 김생(711~791)이다. 따라서 최완수는 황복사 비편이 김생에 의해서 완성된 왕희지체의 집자이

사진 8 황복사지 서귀부

주 무장사 아미타여래조상사적비(801) · 경남 산청 단속사 신행선사비
(813) · 충남 보령 金立之撰 성주사사적비(845년경) · 경주 남산 창림사
무구정탑원기(855) · 강원도 양양 사림사 홍각선사비(886) 등에서 집자
되었다[50]. 즉, 현재까지 확인된 가운데 연대가 분명한 왕희지체 집자비는
모두 9세기에 조성된 것이다. 그러므로 황복사 비편 가운데 확인되는 '봉
성신충사'라는 표현은 창건 당시가 아닌 9세기 후반의 봉성사 성격을 대

며, 황복사 비편이 조성된 시기는 8세기 중엽 김생이 활동할 때로 추정하였다(최완수,
『그림과 글씨』, 세종대왕기념사업회, 2000, 123~130쪽).

50 한국고대사회연구소편, 『역주 한국고대금석문』 제3권(신라·발해편), 가락국사적개발연
구원, 1992, 16·62·242·305·326.

변하고 있는 것이다.

그러나 현재 남아 있는 자료만으로 왜 봉성사가 9세기에 이르러 사격의 변화를 초래했는지에 대해서는 알 수가 없다. 다만 영묘사와 영흥사 등이 애장왕대 이후에 성전이 폐지되는 것과[51] 마찬가지로 무열왕의 원찰성격을 띠던 봉성사가 나물왕계가 정권을 잡은 하대에 이르러 성전사원의 기능을 상실한데 그 이유가 있는 것으로 추정할 뿐이다. 따라서 봉성사는 창건 당시에는 무열왕의 극락왕생을 기원하는 왕실의 사원이었으나, 하대인 9세기에 이르러서는 8세기 중엽에 세워진 사역내의 절원당으로 인하여 마치 신충을 위한 사찰인 것처럼 잘못 인식된 것이다.

---

51 김동수, 「신라 헌덕·흥덕왕대의 개혁정치」『한국사연구』39, 한국사연구회, 1982, 32~33쪽.

V. 맺음말

봉성사는 사격으로 미루어 국가에서 세운 왕실사원임이 분명하며, 신충과 신문왕에 얽힌 지극히 단순한 개인의 원찰일 가능성은 없어진다. 단지 후대에 이르러 그 본래의 창건 동기는 잊혀진 뒤 절원당이라는 당호에 의존하여 꾸며진 설화이다. 즉, 앞서의 감은사 또는 봉성사 이후에 창건된 봉덕사·봉은사와 같이 왕실에서 창건하고 왕실과 국가의 안녕을 기원하거나 태종무열왕을 위한 추복사원일 가능성과 함께 절원당은 사원 내부 또는 주변에 세워진 특수 성격의 건물인 것이다. 그러므로 절원당이 곧 봉성사의 성격을 상징하는 것은 아니며, 단지 부속건물로서 특수한 기능을 수행한 것일 따름인 것이다. 하지만 지금까지 봉성사의 창건 연기 설화는 신충과 관련해서 설명하고, 사격은 성전사원과 관련해서 설명하는 잘못을 범하고 있다.

그러나 한편으로는 절원당의 성격 역시 신충에 의해서 비롯된 건물처럼 알려졌지만 그 위치가 최고지배층의 집단묘역이었던 경주분지 내 고분군의 남단과 맞물려 있음과 함께 성전사원 가운데 월성과 가장 근거리에 인접하여 있음이 주목된다. 뿐만 아니라 봉성사는 크게 보면 正宮·東

宮·北宮·南宮으로 이루어진 왕성의 범위 내에 천주사와 함께 유일하게 성
전사원이 설치된 사찰이므로 이기백의 지적처럼 왕실 또는 신라의 정치
사회적 차원에서 접근하여 해석하는 것이 바람직하다[52].

---

52 이기백, 『景德王과 斷俗寺·怨歌』 『韓國思想』 5집, 1962(『신라정치사회사연구』, 일조각,
   1984 재수록).

5

경주 남산 불교유적의 형성과정

Ⅰ. 머리말

　신라의 불교문화를 통해 당시 정치 및 사회상을 이해하는 방법에는 여러 가지가 있을 수 있겠으나, 왕경과 지방에서 사찰들이 창건되어 가는 과정을 시·공간적時·空間的으로 살펴보는 것도 의미있는 작업이라 여겨진다. 즉, 불교가 전래된 후 흥륜사를 시원으로 하여 본격적으로 사찰이 창건되기 시작한 6세기 전반인 진흥왕대부터 신라가 고려에 귀부歸附하는 10세기 전반까지 400여 년 동안 신라왕경 및 지방에서의 사찰 창건이 갖는 역사적 성격에 대한 전반적인 흐름을 파악하는 것이다. 그러기 위해서는 엄청난 수의 절터에 대한 발굴이 선행되어야 하며, 발굴된 유구遺構와 여기에서 출토되는 유물에 대한 충실한 조사를 근거로 한 창건 연대의 판단, 나아가 이러한 자료들을 통한 시기별 사찰 분포도의 완성 등이 전제되어야 할 것이다. 아울러『삼국사기』와『삼국유사』등에서 확인되는 사찰 창건시기 관련 사료들에 대한 엄정한 사료 비판이 뒤따라야 할 것이다. 따라서 위와 같은

사진 1 경주 남산

주제를 현시점에서 다룬다는 것은 요원한 일처럼 느껴지고 있다.

그런데 다행히 최근에 몇몇 연구자들에 의해 신라 왕경지역에 국한하거나 왕경과 지방으로 대별하여 사찰 조성의 시기별 창건 현황을 파악하려는 노력을 경주하고 있어 이미 이 문제는 또 하나의 연구주제로 부각된 셈이다. 나아가 시기별 사찰 분포의 현황을 공간적으로 추적하여, 신라 왕경의 성립과정을 밝히려고 노력하거나[1] 신라사회의 정치·경제·사상사 등과 결부시켜 사찰창건과 관련된 역사적 배경을 종합적으로 추구하

---

1 오영훈, 1992, 「신라 왕경에 대한 고찰」, 『경주사학』11집, 경주사학회 ; 박방룡, 1999, 「신라 왕경의 사찰조영」, 『도시와 미술』(제12회전국학술대회), 한국미술사교육연구회 ; 김재홍, 1995, 「신라 중고기 저습지 개발과 촌락구조의 재편」, 『한국고대사논총』7, 가락국사적개발연구원 ; 이기봉, 2002, 「중고기 신라왕경에서 불교의 공인과 도시의 변화」, 『신라문화』20집, 동국대 신라문화연구소 ; 정영화·이근직, 2003, 「신라왕경의 형성과정에 대한 소고」(사찰 창건시기와 권역이동을 중심으로), 『인류학연구』12집, 영남대학교 문화인류학연구회.

기도 한다². 그러나 대부분의 연구자들은 왕경 및 지방 사찰들의 분포에 대한 종합적인 이해가 결여되어 있거나, 앞서 제기한 바와 같이 각 사찰의 창건시기를 판단하는데 필수적인 현장의 유물에 대한 이해와 더불어 창건시기와 관련된 자료들에 대한 사료비판을 선행하지 않는 등 많은 문제점을 노정시키고 있다. 즉 연구방법이나 해석의 문제에 앞서 다루고자 하는 자료를 제대로 분류하지 못하는 문제점이 내포되어 있는 것이다.

한편 신라 왕경의 남쪽에 위치한 경주 남산에는 50여 개의 계곡 가운데 21개의 계곡과 능선 상에 200여 개소에 이르는 다수의 불교유적이 분포하고 있다³. 이와 같이 상식을 벗어난 많은 수의 불교유적은 남산유적의 구체적인 실상을 시·공간적으로 파악하지 못할 경우 막연한 경외심을 갖게 할 뿐만 아니라, 나아가 다수의 유적은 관련 연구자의 체계적 접근을 쉽게 허락하지 않는 상대적 원인이 되고 있다.

따라서 남산에 대해서는 입체적인 시각보다는 7세기부터 9세기에 이르는 300년 동안 지속적으로 많은 사찰들이 창건되었으며, 그 사찰들에는 신분의 높고 낮음을 막론하고 많은 신라인들이 참배하였으며, 그 결과 대중불교의 성산聖山이었을 것이라는 평면적인 시각에 머물러 있다. 그러한 관점 아래 그동안 학계는 온전한 유적에만 관심을 보여 왔으며, 최근에 국립문화재연구소에 의해 조사가 진행되기 이전에는 파불破佛 · 폐탑재廢塔

---

2 이인철, 1999, 「신라상대의 불교사원 조영과 그 사회·경제적 기반」, 『백산학보』52호, 백산학회 ; 이인철, 1999, 「신라 중대의 불교사원 조영과 그 사회·경제적 기반」, 『경주문화연구』2집, 경주대학교 경주문화연구소 ; 이인철, 2000, 「신라하대의 불교사원 조영과 그 사회·경제적 기반」, 『경북사학』23집, 경북사학회 ; 진성규·이인철, 2003, 『신라의 불교사원』, 백산자료원.
3 불교유적은 송재중의 조사에 의하면, 절터(147개소)·석불(106기)·석탑(82기) 등이다. 다소 중복이 있는 것을 고려할 경우 200여개소 달하는 것으로 생각된다(송재중, 2001, 「경주남산유적통계」, 『경주남산지도』, 고산자의 후예들 제작, 신라문화원발행).

材 등 기타 유적들은 애초 미술사연구 자료의 대상이 되지 못하였다[4]. 그리고 남산유적 가운데 많은 연구 성과를 축적하고 있는 불교미술사의 경우도 예술적 성취도가 높은 석불과 석탑의 편년에만 집중된 까닭에 남산유적의 역사 및 사상적 배경 등을 밝힌 연구 성과는 거의 없는 실정이다.

이에 본 글은 앞서 언급한 바와 같이 기왕의 연구에서 소홀히 하였던 것 가운데 하나인 남산에 창건된 사찰들의 시기별 특징과 분포를 통해 신라인들의 남산 경영 문제를 살펴보고 나아가 이를 통해 신라 정치·사회의 한 단면을 이해하고자 한다. 즉 그동안 남산의 유적을 불교문화 및 비불교문화로 구분하는 단순한 시각에서 벗어나 각 시기별로 남산의 유적을 살펴봄으로써 신라사회의 전개 과정과 연계된 입체적인 관점을 확보하고자 하는 것이다.

다소 이견이 제시될 수도 있으나, 본고에서의 남산권역에 대한 범위설정은 현재 사적으로 지정되어 있는 구역내로 한정하였다. 이와 같이 공간을 설정한 까닭은, 현재 사적史蹟으로 지정된 범위를 넘어서 동쪽과 북쪽은 남천南川, 서쪽은 서천西川, 남쪽은 성천星川을 경계로 남산을 둘러싼 최소한의 주변지역을 역사적 환경으로 보아 남산권으로 포함시킬 수도 있으나, 이 지역 사찰들의 창건은 남산이라는 산악이 가져다주는 지리적 여건보다는 산기슭에 형성된 왕경의 도시계획 및 주거지와의 관련성이 높다고 판단되기 때문이다. 그리고 필자의 독자적 견해가 없는 한 각 유적의 편년은 관련학계의 연구 성과를 참고하였다.

---

4 반면 지역의 향토사관련 연구자들은 개인적인 관심 아래 지속적으로 조사를 실시한 결과 알려지지 않은 많은 유적들을 소개하는 성과를 거둔 것이 사실이나 이들은 조사결과에 대한 체계적인 연구성과를 제출하지 않아 그 효과는 반감될 수밖에 없었다. 그 가운데 윤경렬의 『남산고적순례』(1980·경주시)와 송재중의 '경주남산지도'(1993·신라문화원)는 남산의 유적현황에 대한 이해를 돕고 있다.

Ⅱ. 사찰 분포의 시기별 특징

불교 전래 이후의 신라사는 『삼국사기』와 『삼국유사』의 왕력에 명기된 시대구분 방법을 절충하여 세 시기로 나누고 있다. 즉, 중고기(제23대 법흥왕 ~ 제28대 진덕왕)·중대(제29대 무열왕 ~ 제36대 혜공왕)·하대(제37대 선덕왕 ~ 제56대 경순왕)로 구분하고 있는데, 신라 왕경에 국한해서 사찰들이 창건되어 가는 과정을 살펴보면 역시 위와 같이 세 시기로 구분하는 것이 가능하다.

첫 시기는 남북으로 이어지는 서천동안西川東岸에 사찰이 창건되는 시기로 진흥왕에서부터 진덕여왕대까지의 100년이다. 이 시기에 서천동안에 창건된 사찰은 흥륜사興輪寺·영흥사永興寺·기원사祇園寺·실제사實際寺·영묘사靈廟寺 등이다. 이후 통일기에도 서천동안에는 원성왕대에 이르기까지 남항사南巷寺·삼랑사三郎寺·호원사虎願寺 등이 지속적으로 창건되고 있다. 분포범위는 포석정 주변으로부터 황성동에 이르는 서천의 동변이다. 그러나 이 시기에도 진흥왕대에 창건된 황룡사를 중심으로 하는 지역에 진평왕대 창건된 천주사天柱寺와 선덕여왕대 창건된 분황사芬皇寺가 있다. 그러나 어디까지나 사찰 창건의 중심은 서천동안지역이었다.

사진 2 서천(형산강)

둘째 시기는 무열왕대부터 성덕왕대까지의 시기로 진흥왕대에 창건된 황룡사 및 신라인들이 수미산으로 여겼던 낭산을 중심으로 사찰들이 들어서는 7세기 중엽이후이다. 이 지역은 신라 왕경의 핵심적인 공간이기도 하다. 대표적인 사찰들은 사천왕사四天王寺·망덕사望德寺·황복사皇福寺·천엄사天嚴寺·동천사東泉寺·구황동九黃洞 사지寺址·낭산狼山 서북록西北麓 사지寺址·황성사皇聖寺·봉덕사奉德寺·천림사泉林寺·봉성사奉聖寺·전인용사지傳仁容寺址·보문사普門寺 등이다. 즉, 이들 사찰들은 왕경의 중심지역에 놓여진 사찰들이지만 불교전래 직후부터 조성된 것이 아니라 그로부터 100여 년이 지난 통일기 이후에 들어서고 있다는 특징이 있다. 이는 신라 왕경인 경주분지의 저습지 개발과 관련이 있다.

한편, 신라 왕실은 삼국말기부터 8세기 전반에 이르는 시기에 신라 왕경인 경주와 동해변을 잇는 이동로인 토함산 북쪽 기슭과 동해변에 사찰

사진 3 낭산

을 창건하고 있는데, 기림사祇林寺·감은사感恩寺·고선사高仙寺·천군리 사지 등이 대표적이다. 이는 이전 시기에 비해 국방 및 경제적인 측면에서 동해의 중요성이 증대되었으며, 이에 비례하여 신라인들의 왕래가 많았음을 의미한다.

마지막 시기는 성덕왕대 이후 9세기 전반까지 토함산吐含山 서록西麓의 울산가도를 따라 사찰들이 창건되기 시작한 시기이다. 대표적인 사찰은 이거사移車寺·불국사佛國寺·석불사石佛寺·감산사甘山寺·영지 석조여래좌상·곡사鵠寺·숭복사崇福寺·원원사遠源寺·울산 중산리中山里 사지寺址 등이다. 따라서 일부 사찰의 창건시기와 공간문제에서 중복은 있을 수 있으나 대체적으로 중고기는 서천동안西川東岸, 중대 전반기는 왕경의 중심지역, 중대 후반기와 하대는 토함산 서록으로 구분 지을 수 있다.

이처럼 왕경의 발달과정과 그 궤를 같이한 평지 사찰과는 달리 남산 불적의 형성과정은 시·공간적 흐름을 통하여 두 가지 측면에서 그 특징에 대한 관찰이 가능하다. 즉, 7세기 전반의 선방사 삼존석불입상부터 삿갓골 석조여래입상을 정점으로 하는 8세기 말까지를 전반기, 9세기 초의 보리사 석조여래좌상 이후 10세기 초까지를 후기로 구분할 수 있다. 전기는 남산내에 소수인 왕실과 귀족들에 의해 사찰이 창건되는 시기이며, 후기는 이러한 통제가 약화되면서 급격하게 사찰이 증가하는 9세기 이후이다.

1. 전기

1) 6세기~7세기

신라에 불교가 전래된 6세기에 남산권내에서 창건된 사원은 없다. 다만 서남산 자락을 벗어난 지역인 포석정을 사이에 두고 기원사와 실제사가 창건되었을 뿐이다. 두 사찰은 진흥왕 27년(566)에 동시에 완성되었는데 황룡사 초창과 같은 해이다[5]. 진흥왕 5년(544)에 완성된 흥륜사와 진흥왕 14년에 창건을 시작한 황룡사 다음에 창건된 신라 초기의 사찰로 흥륜사가 완성된 지 22년만의 일이다. 이들 두 사찰의 위치는 천경림의 흥륜사 그리고 오릉서편 남천의 끝자락에 위치한 영흥사[6]에 이어지는 것으로 당시의 사찰창건이 서천 동쪽 언덕과 그 주변을 중심으로 남북으로 길게 이어지고 있는 것의 연장선상인 것이다.

결과적으로 현재까지 황룡사를 제외하면, 경주분지내 월성주변 및 남

---

5 祇園實際二寺成…皇龍寺畢功(『삼국사기』 신라본기 진흥왕 27년 춘 2월조).
6 영흥사 창건 연대는 『삼국사기』 신라본기 진흥왕 37년조 및 『삼국유사』 아도기라조에 의해 법흥왕과 진흥왕대로 추정되고 있을 뿐이다.

산에는 6세기로 편년되는 불교유적은 확인되지 않고 있다. 따라서 당시 사찰창건의 중심은 서천동안을 중심으로 남북선상의 서남산 지역임을 알 수 있으며, 남산자락 이내에는 사찰이 창건되지 않고 있다.

통일기 이전인 7세기 전반기의 절터로 주목받고 있는 곳은, 선방곡禪房谷 선방사지禪房寺址·장창곡長倉谷 제10사지·불곡佛谷 제2사지이다. 이들 사지에는 당시에 조성된 선방사禪房寺 삼존석불입상三尊石佛立像(7세기 전반)·삼화령三花嶺 미륵삼존석불상彌勒三尊石佛像(644년경)·불곡佛谷 감실석불좌상龕室石佛坐像(7세기 중엽)이 있다. 이 시기의 비불교문화로는 초축初築의 연대를 알 수 없는 남산토성南山土城과 진평왕 13년(591)에 축성된 남산신성南山新城이 있다[7]. 각 절터의 위치는 남산의 서쪽과 북단 그리고 동북쪽에 해당된다.

그런데 이들 절터는 모두 계곡의 입구 또는 남산성으로 이동하는 능선 위에 위치하고 있다. 즉 진흥왕대의 흥륜사·영흥사·기원사·실제사·황룡사 그리고 선덕여왕대에 창건된 영묘사와 분황사가 평지에 위치하고 있는 것과 달리 산지에도 불상을 봉안하는 사찰이 조성되고 있음을 알 수 있다. 그런데 당시 산지가람의 현상은 남산에만 국한되는 것이 아니었으며, 단석산 신선사와 선도산 정상에도 마애불이 조성되고 있었다. 즉, 7세기 중엽에 이르면 신라 왕실은 평지 및 산지에다 동시에 불상을 조성하고 있음을 볼 수 있다. 이는 6세기 말에서 7세기 전반기에 해당하는 백제의 경우 태안 마애삼존불·예산 화전리 사방불입상·서산 마애삼존불·익산 용화산 사자사 등의 산지가람과 부여 정림사·익산 미륵사 및 제석사·성주의 오합사 등의 평지가람이 공존하는 양상과 같다고 할 수 있다.

문제는 불상을 봉안했을 건물과 승려들이 머물렀을 간단한 주거시설

---

7 『삼국사기』 신라본기 진평왕 13년 가을 7월조

정도만 있었다고 추정되는 이들 산지가람의 성격을 어떻게 이해할 것인가 하는 점이다. 그런데 백제의 경우, 산지가람인 예산 화전리 사방불입상·서산 마애삼존불입상·태안 마애삼존불입상 등은 부여에서 중국으로 가는 길목에 위치하고 있다. 즉 대중국 교통로 상에 위치하였다고 하는 점은 이들 불상의 조성 성격이 당시 백제인들의 중국 왕래과정과 밀접한 연관이 있음을 시사하고 있어 주목되고 있다.

그런데 신라에서 7세기 전반기 산지가람의 위치로 미루어 보아 교통로와는 조금 거리가 있는 듯하다. 오히려 이들은 당시 육부 가운데 하나인 사량부의 중심지 및 산성山城과 관련된 듯하다. 먼저 선방사 삼존석불입상은 재료가 화강암이라는 점에서 보면 신라 왕경지역에서 가장 이른 시기에 완성된 기념비적인 작품이라 할 수 있을 것이다. 이 점은 놀라운 것인데, 왜냐하면 당시 왕경인 월성과 상당한 거리를 두고 남산 서록 포석정 남쪽 500m 정도 떨어진 계곡입구에 위치하고 있기 때문이다.

선방사지는 탑리·배리·용장리 등 넓은 대지를 앞에 두고 있는데, 이 일대가 육부六部 가운데 하나인 사량부沙梁部의 중심지로 추정되고 있다. 특히 탑리와 배리지역에는 선방사 삼존석불입상이 조성되는 전후시기에 이미 기원사(566년)·실제사(566년)·포석정[8]·남간사南澗寺·전천은사지傳天恩寺址[9] 등이 존재하거나 창건되고 있었다. 이러한 현상은 남산서북 일원이 7세기 왕경내에서도 가장 많은 사찰이 창건된 곳임을 증명한

---

8 출토된 토기의 상한 연대는 6세기말 또는 7세기 초이며, 하한시기는 8세기 중반으로 추정되고 있다(국립경주문화재연구소, 2001,『포석정모형전시관부지시굴조사보고서』, 86쪽).

9 남간사지와 천은사지에는 현재 통일기인 8세기의 석조물들이 남아 있으나, 최근의 조사에 의하면 이들 사지에서 7세기 후반경에 제작된 古式瓦當이 수 점 수습되었다고 한다. 이로 미루어 통일신라 직후에 창건되었으며, 8세기에 이르러 중창된 듯하다. (김성구, 1998,「와당」,『동남산폐사지조사보고서』, 국립문화재연구소, 274쪽).

사진 4 선방사 삼존석불입상

다. 또한 6세기전반에 세워진 '울진봉평신라비'에 의하면, 지증왕은 왕위에 오르기 전에 사량부 소속으로 등장하는데, 이는 당시 사량부의 위상을 가늠케 한다. 따라서 선방사는 왕실의 의지 아래 사량부의 중심 주거지에 가까운 남산 서록에 창건된 것으로 보인다.

삼화령 미륵삼존석불상이 출토된 장창골 제10사지는 남산토성과 남산 신성의 중간지점에 위치하고 있는데, 월성에서 남산토성을 지나 남산신 성으로 가는 최단거리 이동로상의 도로 우측이다. 그런데 문제는 불상 출 토지의 석실공간이 삼존불이 모셔져 있기에는 너무 협소하다는 이유로 다른 곳에서 옮겨진 것이며, 원래의 위치가 아니라는 견해이다[10].

---

10 강우방, 1996, 「경주남산론」, 『원융과 조화』, 열화당, 398쪽.

사진 5 삼화령 미륵삼존석불상

　　그러나 장창골 제10사지 인접한 사지로는 동쪽의 부처골 제2사지의 감실석불좌상, 서쪽으로는 전천은사지, 북쪽으로는 절터골 제2사지 등인데 모두 민가와 인접한 산자락이다. 그런데 이들 사찰들과 장창골 제10사지는 원거리라 할 수 있다. 후대에 특별한 이유로 누군가가 산 능선에 석실을 마련해 가면서 삼존불을 옮겨 모셨는지는 알 수 없으나, 원래 봉안奉安되어 있었을 만한 주변의 절터를 찾을 수가 없다. 따라서 출토지가 원위치일 가능성이 높다.

　　다만 남산토성과 남산신성의 중간지점이자 이 두 성을 연결하는 이동로상인 점이 주목된다. 『삼국유사』의 기록에서는 그 곳을 세 명의 화랑과 관련된 설화가 있는 듯한 의미의 삼화령三花嶺이라 하고 있는데, 당시 화랑들의 출입이 잦았을 산성이 절터를 가운데 두고 남북으로 놓여 있는 것과 무관하지 않을 것이다. 즉, 삼화령 미륵삼존석불상은 『삼국유사』의 기

사진 6 불곡 감실석불좌상

록처럼 도중사道中寺의 승려 생의生義에 의해서 이 곳에 봉안된 것이겠지
만 나아가 근원적인 이유는 산성을 출입하던 화랑 및 군사들과 관련이 있
을 것으로 생각된다. 더욱이 모셔진 공간이 감실 또는 무덤 내부처럼 조
성된 것은 신라사회에서 미륵상을 무덤 곁에 봉안하고 예배하던 당시의
사상적 배경과 무관하지 않은 것으로 보인다[11]. 이는 사후에 미륵불이 계
시는 도솔천에서 다시 태어나기를 기원하는 의미에서 죽은 이를 위하여
미륵불상을 조성하여 모신 것으로 생각되고 있다.

감실석불좌상으로 유명한 불곡 제2사지가 위치한 곳은 동남산에서 남

---

11 『삼국유사』 권2 기이제2의 효소왕대 죽지랑조와 탑상제4의 생의사석미륵조, 탑상제4
낙산이대성 조신조 등에서 무덤과 미륵불에 관한 내용이 확인되고 있다(정병삼, 1998,
『한국사』8, 국사편찬위원회, 76~78쪽).

산신성 북문으로 가는 가장 완만한 이동로상이다. 이 불상의 존명에 대해서는 알 수 없으나, 제작시기에 대해서 강우방은 남산불상 가운데 가장 이른 시기로[12], 문명대와 곽동석은 선방사 삼존석불입상에 뒤이은 650년경으로 추정하였다[13]. 그러나 최근 김창호는 감실석불좌상에 대해 불상이 아닌 승상僧像이며, 구체적으로는 중국 당나라 장안 천복사에서 710년에 입적한 승가대사의 상으로 추정하였다[14]. 이 경우 8세기 전반 이후로 편년된다.

사실 불곡 감실석불좌상의 가장 중요한 특징은 남산의 다양한 조각상 가운데 유일하게 석굴형식을 취하고자 단단한 화강암을 굴착하였다는 점, 불상으로 보기에는 불상의 특징인 육계와 귀 등이 분명하지 않다는 점이다. 아울러 머리에는 모자를 쓴 듯한 느낌을 강하게 주고 있다. 이러한 제반요소를 고려할 경우 불상보다는 승상일 가능성은 높아진다. 이 경우 불보살상만 조성되던 신라사회에 최초로 조성된 승상이라는 의의를 갖게 된다.

한편, 불곡 감실석불좌상의 동쪽 산 아래는 남천과 접해 있어 주거공간이 마련되지 않는다. 이 점은 앞서 언급한 바와 같이 월성과 낭산 주변에 사찰이 창건되기 시작하는 시기는 황룡사 구층목탑이 완공되는 7세기 중엽 이후에 가능하다. 또한 교종단계의 신라사회에서는 승상을 독자적으로 조성하지 않았다는 사실과 9세기 전반 선종의 전래 이후에야 탑곡마애조상군의 여러 승상과 같이 독립된 공간에 조성되고 있음에 유의할 필

12　강우방, 1996, 「慶州南山論」, 『圓融과 調和』, 열화당, 398쪽.

13　문명대, 1994, 「경주 남산불적의 변천과 불곡 감실불상고」, 『신라문화』 10·11집, 동국대 신라문화연구소, 27쪽 ; 곽동석, 1998, 「남산유적 불상고찰」, 『경주남산의 불교유적Ⅲ』, 국립문화재연구소, 234쪽.

14　김창호, 2003, 「경주 불상 2예에 대한 이설」, 『경주문화』 9호, 경주문화원.

요가 있다. 마찬가지로 감실석불좌상의 옷주름에 보이는 선각적線刻的 기법은 조성시기를 9세기 이후로 내려보게 하는 또 하나의 요인이 될 수 있다. 아울러 중국 역시 지금까지 확인된 승가대사상 모두 9세기 이후라는 점은 참고가 된다. 따라서 낭산을 마주하고 있는 동남산지역에 위치한 불곡 감실석불좌상의 조성시기에 대해서는 조심스럽지만 9세기 이후일 가능성도 고려하여야 할 것이다.

결과적으로 7세기 남산의 사찰은 선방사 - 장창곡 사지 순으로 창건되었을 가능성이 높다. 그리고 앞서 살펴본 바와 같이 불곡 감실석불좌상은 그 성격과 조성시기에 대해서 기왕의 편년과는 달리 좀 더 관련 자료를 검토할 필요가 있다고 생각된다.

또한 이들 사찰은 서남산 선방골의 초입 또는 남산 북단의 완만한 능선 상에 위치하고 있으며, 산지가람이라고는 하나 불탑佛塔과 공간 마련을 위한 석축石築이 조성되지 않은 형태로 석축과 불탑이 불상과 함께 조성되는 8세기 이후의 가람들과는 차이가 있다. 물론 8세기 이후에도 불상만 조성되는 사찰이 대부분이지만 7세기와는 달리 왕실차원에서 건립되는 사찰들에는 대부분 불탑이 동시에 조성되고 있다. 이러한 차이는 삼국시대 불탑의 경우 목탑이 주류를 형성하고 전형석탑이 발생하기 이전이어서 산지에는 대형의 목탑을 세울 수 있는 공간적 여건이 형성되지 않은데 그 원인이 있다. 뒤이어 통일 직후에 감은사 삼층석탑에 그 전형을 완성하였다 하더라도 여건상 남산 자락이나 기슭에는 그와 같은 큰 규모의 탑은 들어서지 못하고 있다. 그리고 7세기라는 100년 동안 남산내에는 2개소 정도의 사찰만 건립되고 있는데, 이러한 경향은 8세기 중엽까지 지속되는 현상이다.

2) 8세기

통일기 신라의 불교문화가 절정기에 이르는 8세기에 이르면, 일반적으로 남산에도 많은 사찰들이 창건된 것으로 이해하기 쉽다. 그러나 실상은 그와는 정반대이다. 현재까지의 연구 성과를 종합해 보아도 8세기의 사찰은 많지 않다.

8세기 전기와 중기의 유적으로는

봉화골 제1사지(칠불암) · 용장사지 삼륜대좌불 및 마애여래좌상 · 삿갓골 제3사지 석조여래입상 · 창림사지 삼층석탑·삼릉골 석조여래좌상 (5개소)

8세기말 9세기초 유적으로는

남산리 절터(남산동 동서삼층석탑) · 전염불사지 동서삼층석탑 · 봉화골 제2사지(신선암) 마애보살좌상 · 삼릉골 관음보살입상 · 삼릉골 석조여래좌상 · 삼릉골 약사여래좌상(국립중앙박물관) (6개소) 등이 있을 뿐이다.

대략적으로 11개소 정도이다. 앞 시기에 비해서 증가한 것은 사실이지만 중기까지는 이전 시기와 비슷한 현상을 보이고 있으나, 8세기 말에 이르면 전체 사찰 수의 ⅔가 창건되고 있다. 그러나 이들 사찰 가운데 남산리 사지 · 전염불사지 등은 주거공간과 인접하여 있는 평지가람이다. 따라서 이 두 사찰을 제외하고 순수하게 남산에 조성된 사찰은 100년 동안 9개소 정도에 불과하다.

이들 사찰을 중심으로 8세기 창건 사찰의 특징을 요약하면 다음과 같다. 먼저 이들 사찰들의 대다수가 이전 시기와 달리 남산 내부로 이동하고 있다는 점이다. 위치는 대부분 산 능선의 중간지점이거나 계곡 깊숙한 곳이다. 즉 남산내의 여러 계곡으로 확대되어 사찰이 창건되고 있는 듯하

사진 7 칠불암 마애불상군

사진 8 남산리사지 동·서삼층석탑

나 그 위치는 여전히 앞 시기와 마찬가지로 주거공간과 인접한 곳이거나, 주요 시설과 연계되는 이동로상 또는 남산을 동서로 넘을 경우 이용되는 계곡 등이 선택되고 있다는 사실이다. 특히 이 시기에 이르러 주목할 만한 곳은 동남산지역에서 서남산지역으로 이동할 경우 주된 통로로 이용되었던 봉화곡烽火谷과 용장곡茸長谷 그리고 삼릉곡三陵谷이다.

이들 사찰내의 불교조각들은 통일기 신라의 최고 수준들을 자랑하는 것들로서 창건주들은 7세기와 마찬가지로 왕실내지 귀족들인 것이다. 결과적으로 8세기까지 남산지역의 불교적 성향은 왕실 내지 귀족 불교의 성격을 강하게 띠고 있다는 것을 알 수 있다. 이 경우 효소왕이 주관하던 망덕사의 낙성식에 참석하려던 남산 비파암의 승려조차 참석을 거부당한 이야기에서 알 수 있듯이 고대 사찰의 경우 백성들의 출입은 상당 부분 선택적으로 제한되어 있었다. 따라서 9세기 초에 이르기까지 남산 사찰의 경우 역시 백성들의 신앙행위와는 얼마간 거리가 있었던 것으로 보아야 할 것이다.

2. 후기

1) 9세기

남산 유적 가운데 의외로 8세기 말 9세기 초로 편년되는 유적이 상당수에 이른다. 남산리 사지 동·서삼층석탑을 비롯하여 보리사 석조여래좌상, 용장사 삼층석탑, 약수계 제2사지 석조여래좌상, 새갓골 석조여래좌상, 전염불사지 동서삼층석탑, 삼릉계 석조여래좌상, 삼릉계 약사여래좌상 등 남산의 중요한 유적들에 현전하는 불상과 석탑들이 대체로 이 시기에 비정되고 있다. 그런데 이들 불교조각을 불교미술사학계가 그 시기에 비정하고 있음은 정치사적으로 중대에서 하대로 넘어가는 과도기라는 시점을 은연

중에 따르고 있기 때문이다.

그런데 이 시기에 가장 중요한 점은 불상조각 방법에서 신라 하대에 지대한 영향을 미치는 선각線刻이 남산 삼릉계 선각육존불(석가모니 삼존불과 아미타여래삼존불)을 통해서 등장하고 있다는 점이다. 현재까지 확인된 가장 이른 시기의 선각불은 경남 함안 방어산 약사여래삼존불(801년)이지만 삼릉계의 선각육존불도 비슷한 시기로 짐작되고 있다. 이러한 선각기법은 이후 신라불교미술에 지대한 영향을 미치게 되는데, 과도기적 양상으로는 불상의 상반신은 여전히 앞시기의 고부조高浮彫 경향을 유지하나 불상의

사진 9 보리사 석조여래좌상

하반신은 저부조低浮彫 현상이 두드러지게 된다. 이러한 경향은 점차 가속화되어 신라 말기에 이르면 대부분의 불상이 선각으로 조성된다.

한편, 이 시기의 불교조각들은 전체적으로는 섬약纖弱해지는 느낌이 강하지만 8세기의 완성도를 유지하는 측면이 높다. 그러한 까닭에 경주남산에서 신라 하대의 불교조각이라고 하는 것은 엄밀하게 말하면, 9세기 중엽부터 조성된 불상 및 석탑이라고 해야 할 것이다. 또한 마애불상 및 석조불상의 경우 9세기 전반기 이후가 되면 조성되는 예가 상대적으로 줄어든다. 대신 석탑은 이전 시기인 7~8세기에는 창림사지 삼층석탑과 남산리 동서삼층석탑, 전염불사지 동서삼층석탑 등 3개 사찰에 불과하였다. 하지만 한편으로는 남산리 사지와 전염불사지의 경우 산기슭을 떠난

사진 10 삼릉계 선각 육존불

평지가람이므로 엄격하게 이야기하면 창림사지 삼층석탑이 유일하다고 할 수 있는데, 9세기 이후에는 이러한 전기의 경향과 달리 급격하게 증가하는 추세를 나타낸다. 이러한 현상은 석탑의 규모가 소형화되어 간단하게 세울 수 있다는 장점이 크게 작용한 것이다. 따라서 경주 남산에서 만나는 신라석탑은 대부분 9세기 이후의 것이며 소형석탑에 속하는 것이다. 이러한 경향은 전기에서는 석불과 마애불을 중심으로 형성되던 사찰이 석탑을 중심으로 형성되는 경향으로 반전되고 있다. 이 시기 남산 사찰의 금당내부에는 아마 소형의 금동불이나 목불 등이 모셔져 있었을 것이다. 그 결과 현재 확인되는 9세기 이후의 남산지역 사찰에는 석조불상나 마애불이 있는 곳보다 석탑만이 있는 사찰이 다수를 차지하고 있다. 이 점은 신라 하대의 정치적·사회적 혼란과 맞물려 쇠락하고 있는 경제

사진 11 용장사지 삼층석탑

적 상황과 관련이 깊다.

또한 이 시기에 이르면 남산에는 이전 시기와는 달리 폭발적으로 사원이 증가하고 있는데, 남산에 창건된 사찰의 80%이상이 9세기 이후에 들어선 것으로 추정되고 있다. 이러한 현상 역시 신라 하대의 정치적 몰락으로 인하여 남산을 통제하던 기능이 상실된데 있다. 즉, 이러한 현상은 비로소 9세기에 이르면 남산은 왕실 및 귀족불교의 성격을 탈피하게 되고 좀더 다양한 신분층이 남산지역의 사찰 경영에 참여하게 되었음을 의미하는 것이다.

2) 10세기

남산에서 10세기인 나말여초羅末麗初에 조각된 불상이나 석탑은 그 수

사진 12 부흥골 선각마애여래좌상

사진 13 늠비봉 오층석탑

가 많지 않다. 또한 이 시기의 불교 조각과 석탑들에 대해서 학계에서는 대부분 9세기 말로 추정하고 있어 10세기와 경계선 자체가 모호한 점이 있다. 따라서 남산의 불교유적 가운데 어느 유적과 유물이 9세기 후반내지 말기이며, 어느 유적과 유물이 10세기인지를 구분한다는 것은 매우 어려운 일임에는 분명해 보인다.

대표적인 불상으로는 부흥골 선각 마애여래좌상, 삼릉골 선각불두, 삼릉골 선각보살입상(상선암), 선방골 선각여래입상 등과 조선시대로 추정되는 오산골 마애여래상이 있다. 이들은 대부분 음각이라는 동일한 방법을 사용하고 있으며, 마애불인 특징이 있다.

복원되어 있는 석탑으로는 잠늠골 삼층석탑, 늠비봉 오층석탑, 지암골 삼층석탑 등 극히 일부에 지나지 않으나 무너진 상태로 계곡에 뒹굴고 있는 폐탑재 대부분이 이 시기에 해당된다고 할 수 있다. 이들 석탑은 대부분 높이가 3m 내외의 소형 석탑이면서 옥개석의 층급받침이 3단인 것이 중요한 특징이다.

Ⅲ. 사찰의 시기별 특징

　남산에 있는 절터의 경우 건물의 축대만 남아 있거나, 불탑 또는 불상 가운데 하나만 남아 있는 예가 많다. 불전과 불탑 모두를 갖춘 사찰은 그 수가 많지 않다. 그리고 현재까지 남산지역 사찰에서 목탑지의 흔적은 발견되지 않고 있다. 남산자락과 가장 인근한 것이 남간사의 목탑지이다. 따라서 남산에 창건된 사찰의 경우 평지가람과 마찬가지로 불전과 불탑이 갖추어진 사원과 불탑이 없이 금당내 불상만 모셔진 사찰 그리고 불탑과 금당내는 석조불이 아닌 금동불 등의 다른 소재로 조성한 불상이 있었던 사찰 등으로 분류할 수 있다. 다만 마지막의 경우 금동불이나 목불 등은 이동되거나 훼손이 되어 오늘날 우리가 직접 실견할 수 없어 석탑만 절터에 남아 있다는 특징이 있다. 그러나 불교사찰이라면 당시에는 반드시 금당내에는 대불이든 소형의 금동불이든 봉안되어 있었을 것이다. 따라서 위와 같은 관점을 가지고 남산지역 사찰의 시기별 특징을 살펴보고자 한다.

1. 전기

이 시기 남산에서 창건된 사찰은 두 가지 형태의 가람으로 조성되었다. 첫째는 당탑堂塔을 모두 갖추는 것이며, 다음은 불상만 모시는 불전만 건립하는 경우이다. 전자에 해당하는 사원은 창림사지, 봉화골 제1사지(칠불암), 남산리 사지, 전염불사지 등이다. 그러나 실지 남산의 산지가람이라고 할 수 있는 것은 창림사지와 봉화골 제1사지이다. 나머지 가람은 산의 초입에 해당하는 평지에 세워진 것으로 평지가람과 다를 바 없다. 8세기 중엽으로 추정되는 두 사찰 가운데 창림사는 당탑堂塔을 갖추었으나, 봉화골 제1사지는 사방불과 삼존불만을 모신 사찰이었다. 사원내의 석탑은 9세기에 추가로 조성된 것이다.

먼저 창림사의 지형은 비록 서향을 하고 있으나 건물은 남향한 것으로 보이며, 삼층석탑은 건물지의 남쪽이 아닌 좌측에 위치하고 있어 고선사지와 황복사지 그리고 나원리 사지 등과 같은 형식을 하고 있다. 즉 산의 동쪽에 사원이 위치할 경우 석탑은 남향한 건물의 오른편에 위치한 반면 산의 서편에 위치할 경우 석탑은 건물의 좌측에 놓이게 된다. 일견 다르게 보일 수 있으나, 기본적인 원칙은 산기슭과 건물지 사이에 탑을 배치하는 것이다. 이러한 경향은 9세기의 승소골 사지와 양조암골 제3사지 등에서도 확인된다. 이런 당탑의 배치방법은 국사골 제4사지에서는 탑이 금당의 뒷쪽에 배치되는 응용된 형태로 나타난다. 즉, 건물의 후방에 석탑이 배치되는데, 이는 건물의 좌우가 계곡이며 그 뒤쪽이 봉우리를 형성하고 있는 까닭이다.

봉화골 제1사지는 경내에서 시기가 다른 석탑 2기가 확인되고 있으나 같은 시기는 아닌 것으로 판단된다. 불상이 조성된 시기보다 늦게 조성된 것이다. 이처럼 불상만 조성되는 남산지역 사찰의 건립은 불곡 감실석불

사진 14 창림사지 삼층석탑

좌상, 선방사 삼존석불입상, 삼화령 미륵삼존석불상 등으로부터 이어지는 특징이다.

2. 후기

후기 역시 전기와 같이 마애 또는 석조여래상만을 모신 사찰도 지속적으로 창건되고 있으나, 일부 사찰에서는 석탑만 건립하고 불상은 마애 또는 석조가 아닌 목조木造·소조塑造·금동불 등을 불전내에 모신 것으로 추정된다. 따라서 이러한 사찰들은 현재 석탑재만 사역내寺域內에서 발견되고 불상은 확인되지 않는다. 그러나 대부분 이 시기의 사찰들은 석탑을

세우지 못하고 불전만 세운 뒤 소형의 불상을 모시는 것으로 만족해야만
했다.

그러한 상황에 대한 역사적 배경에는 정치의 몰락과 국가 경제의 파탄
등이 자리하고 있겠지만, 한편으로 중대까지 엄격하게 통제되던 남산이
하대에 이르게 되면, 왕실과 진골 신분을 떠나 육두품을 비롯한 낮은 신
분의 소유자들조차 사찰을 창건하고 있음을 시사하는 것으로 생각된다.
이 경우 약간의 경제력으로 산기슭에 축대를 쌓은 후 와당을 사용하지 않
은 목조불전들이 들어서고 있는 것이다. 따라서 이러한 사찰들은 초석과
와당이 출토되지 않고 있으며, 축대만 남아 있을 뿐이다.

전체적으로 보면, 이 시기의 사찰들은 봉화골과 삼릉골·용장골 등 8세
기까지 중요한 사찰들이 창건되었던 곳보다는 이들 계곡을 벗어난 지역에
집중적으로 세워지고 있다. 대부분 남산내의 중요한 이동로상에 위치하고
있기보다는 인적이 드물고 산의 정상에 가까운 곳을 선택하고 있다.

IV. 맺음말

경주분지의 남쪽에 위치하며, 신라시대 불교유적의 보고寶庫이자 영산靈山인 남산에는 7세기 초를 시작으로 신라가 국운을 다하는 10세기 초엽까지 끊임없이 사찰이 건립되었다. 고려시대 이후에 세워진 사찰은 소수에 지나지 않는다. 그것은 오늘날 남산에서 고려 또는 조선시대에 조성한 석탑과 불상을 마주하기 어렵다는 사실에서도 확인된다. 대부분 무너진 절터와 석탑 그리고 석불만을 남기고 있는 남산의 골짜기와 능선에서 확인된 불교유적만 해도 200여 곳에 이르고 있어[15] 신라 불교의 대중성[16]과 함께 남산에 대한 신라인들의 깊은 애정을 헤아리게 한다. 또한 사찰 이름과 불상의 존명을 대부분 알 수 없어 안타깝기도 하지만 계곡과 능선에서 마주하는 석불과 탑에서 종교가 인간에게 보여주는 장엄莊嚴한 의식儀式의 행렬들을 마주하면서 감동하게 된다[17].

---

15 윤경렬, 1993, 『겨레의 땅 부처님의 땅』, 불지사, 356쪽의 南山遺蹟表 참조.

16 강우방, 1990, 「慶州 南山論」, 『원융과 조화』, 열화당, 422~424쪽.

17 국립경주박물관, 1995, 『남산』(특별전도록), 3쪽.

이들 가운데 불곡佛谷 감실석불좌상龕室石佛坐像(7세기중엽)·선방골 선 방사지禪房寺址 삼존석불입상三尊石佛立像(7세기초)·장창골 전생의사지傳 生義寺址 미륵삼존불彌勒三尊佛(7세기중엽)·탑골 전신인사지傳神印寺址 마 애조상군磨崖彫像群(7세기중엽)·용장계 탑상골 용장사지茸長寺址 미륵장 육상彌勒丈六像과 마애여래좌상磨崖如來坐像(8세기중엽)·봉화골 칠불암七 佛庵 사방불四方佛과 마애여래삼존불磨崖如來三尊佛(8세기중엽)·창림사지 昌林寺址 삼층석탑三層石塔(8세기중엽) 등은 남산을 상징하는 유적이다. 그 러나 남산지역의 모든 사찰은 고려이후 근대에 이르기까지 점차 하나둘 씩 경주지역의 다른 사찰들과 마찬가지로 쇠락의 길을 걸어 왔다.

그런데 남산의 불적들을 조사해 보면 신라인들의 남산 경영에 있어 한 가지 간과할 수 없는 특징이 확인된다. 그것은 산지가람인 남산의 경우 각 시대별로 그 위치를 조금씩 이동하고 있다는 점이다. 먼저 삼국말기三 國末期인 7세기 전반기의 불상으로 생각되는 배리의 선방사지 삼존석불입 상[18]·삼화령 미륵삼존석불상[19] 등은 계곡의 입구에 위치하고 있다. 또한 8세기에 창건된 창림사와 포석정 그리고 남산리 절터의 동서삼층석탑과 전염불사지, 삿갓골 석조여래입상 등도 역시 산자락에 들어서고 있다.

그러나 전통적인 사찰의 입지조건과 달리 남산에서 사찰의 건립이 가 장 번성하였던 8세기에 대부분의 사찰들은 산중턱의 능선 상으로 이동하 고 있다. 예컨대, 삼릉골의 관음보살입상·석조여래좌상(1)(2)(3)·선각 석가여래삼존불·선각아미타여래삼존불 등과 약수골 석조여래좌상, 용 장골 용장사지의 마애여래좌상과 삼륜대좌불, 절골의 약사여래좌상, 봉

---

18 문명대, 1978, 「선방사(배리) 삼존석불입상의 고찰」, 『미술자료』23, 국립중앙박물관.
19 황수영, 1969, 「新羅 南山 三花嶺彌勒世尊」, 『김재원박사회갑기념논총』, 논총간행위원 회.

화골의 칠불암 사방불과 마애여래삼존불, 신선암의 마애보살좌상 등이
대표적이다.

마지막 단계인 9세기 이후의 사찰은 남산의 정상부 또는 이에 가까운
곳에 위치하게 된다. 예컨대, 천룡사지, 냉골의 상선암上仙庵 경내의 마애
보살입상, 정상부의 마애여래좌상, 선각마애여래좌상, 약수골의 마애여
래입상(약수골 대불), 윤을곡의 마애삼존불, 용장골 용장사지 삼층석탑,
용장골 지곡 제3사지의 모전삼층석탑, 심수골 석조여래좌상과 새갓골 석
조여래좌상, 부흥골 부흥사 서편 마애여래좌상, 백운암 절터, 마석산 용
문암 마애석불입상 등과 1997년에 발견된 선방골 능선상의 선각마애여
래입상[20] 등이다.

그러나 가장 큰 원칙은 사찰 창건이 가능한 공간이 마련될 경우 시대
의 흐름에 관계없이 늘 산자락 또는 산중턱의 능선상, 즉 산 아래로 지향
하였다는 점이다. 그런 까닭에 8~9세기의 유적들 가운데 많은 수가 계곡
초입의 산자락 또는 능선상에 위치하여 앞선 시기의 유지遺址 또는 유적
遺物들과 혼재하고 있는 것이다. 대표적인 것은 탑골의 마애조상군[21] · 부
처골의 감실석불좌상[22] 등이다.

---

20 대동일보, 1997, 「경주 선각마애여래입상 발견」, 6월 20일 금요일 보도자료.

21 이 유적의 조성시기에 대한 견해는 7세기설(문명대, 1977, 「新羅 四方佛의 起源과 神
    印寺의 四方佛」, 『한국사연구』18, 한국사연구회 : 김길웅, 1988, 「경주 남산 塔谷彫像群
    에 대하여」, 『신라문화』5, 동국대 신라문화연구소)과 9세기설(강우방, 1987, 「慶州 南山
    論」, 「慶州南山」, 열화당)이 있다.

22 문명대, 1994, 「경주남산불적의 변천과 불곡감실불상고」, 『신라문화』10 · 11합집, 동국
    대 신라문화연구소.

* 경주 남산 유적 통계

2016. 10월 현재

조사자 - 송재중(남산지도)

	위치(계곡)	옛절터	불상	석탑		석등	왕릉	금석문	선사유적	전설지 당수	민속자료	
				복원	폐탑						당수	신앙터 돌탑
1	장창골	10	6	1	7	3	1	34	2	3	1	1.율관암 각화
		나정, 남간사지 석정, 남간사지 당간지주, 남산신성 창고터 3, 고인돌2, 창림사지 쌍귀부, 창림사지 양화, 법화경석편										
2	식혜골	7	1	.	13	3	5	6	.	1	2	.
		탑재 13-산재 탑재들 각기 통계 잡음. 담암사지 당간지주, 숭덕전, 신라우물(알영정)										
3	왕정골	3	3	.	3	.	.	2	2	4	1	.
		월정교지, 춘양교지, 도당산토성, 남산토성, 상서장										
4	절터골	3	.	.	1	.	.	.	.	.	.	.
5	부처골	2	3	.	.	.	.	.	.	.	.	1
		남산신성, 남산신성비 10.										
6	탑 골	6	37	4	3	1	.	.	.	.	.	1
		(복원탑-마애탑3포함), 마애조상군 I (부처바위), 마애조상군 II										
7	미륵골	1	5	1	3	.	.	.	.	1	.	.
		탑신 비천상.										
8	명막골	.	.	.	.	.	.	.	.	.	.	.
9	천암골	1	.	.	.	.	1	.	.	1	.	3
		인공 감실										
10	철와골	2	1	.	2	2	1	.	.	.	.	1
		서출지, 이요당내 석물들. 남철와골 바위구멍(불상자리?)										
11	국사골	7	1	1	3	.	.	1	1	2	.	6
		고인돌군(5기)										
12	오산골	4	2	2	.	.	.	1	1	.	.	.
13	지암골	7	3	.	.	.	.	.	.	.	.	6
		민간신앙 조각과 돌탑, 선각입상불 신발견(2005.2) 절터2 발견(2011.6). 소지암 상하절터 2개소로 잡음.										
14	봉구골	1	.	.	2	.	.	.	.	1	.	.
15	승소골	.	.	1	1	.	.	.	.	.	.	.
16	천동골	2	.	1	2	.	.	.	.	.	.	.
		디딜방아터, 천동탑 일부 파편 덕계정 내 유존										
17	홈태골	2	.	.	.	.	.	.	.	.	.	.
		남홈태 화돌										

위치(계곡)		옛절터	불상	석탑		석등	왕릉	금석문	선사유적	전설지 당수	민속자료	
				복원	폐탑						당수	신앙터 돌탑
18	봉화골	2	8	.	2	1	.	4	.	.	.	.
		금강경석편, 봉화대, 신장상 3, 자연바위 석등지										
19	바람골	1	.	.	.	.	.	.	.	.	.	.
20	까치골	.	1	.	.	.	.	.	1	.	2	1
21	오가리골	1	.	.	.	.	.	.	.	.	.	1
22	별천룡골	2	.	.	2	.	.	.	.	.	.	.
		계단 난간 기둥석										
23	새갓골	3	2	.	.	.	.	.	.	.	.	.
		좌상불두발견(2005). 마애입상발견(2007). 좌상복원(2009)										
24	양조암골	4	1	.	.	.	.	.	.	.	.	1
		불상파편 및 광배편 축대 위에 모아 정리(2012년)										
25	심수골	1	1	.	.	.	.	.	.	.	.	.
		돌확 1구(불상 남편 10m)										
26	백운골	3	.	.	.	.	.	.	.	.	2	.
		불상 연화대석, 맷돌, 대축대										
27	천왕지골	.	.	.	.	.	.	.	.	.	.	.
28	수영골	.	.	.	2	.	.	.	.	2	1	.
		배례석, 석주										
29	대마골	4	.	.	.	.	.	.	1	.	.	.
		고허성										
30	용산골	.	.	.	.	.	.	1	2	.	1	.
		용산서원, 최진립 신도비 및 귀부										
31	천룡골	6	9	1	1	3	.	1	1	2	.	7
		석조2, 맷돌2, 귀부, 부도7, 성혈바위, 고인돌4. 천룡바위 높은축대 절터 발견(2014)										
32	용장골	13	6	2	5	1	.	.	.	3	2	.
		비석대, 큰연화대석, 용장사개수비문, 고인돌2										
33	열반골	5	.	.	3	.	.	.	.	1	.	2
34	은적골	4	.	.	1	.	.	.	.	1	.	.
35	백양골	1	.	.	.	.	.	.	.	.	1	.
		자연바위 석등지										
36	비파골	4	.	1	2	1	.	.	.	1	1	.
		자연바위 석등지										

위치 (계곡)	옛절터	불상	석탑		석등	왕릉	금석문	선사 유적	전설지 당수	민속자료	
			복원	폐탑						당수	신앙터 돌탑
37 약수골	5	2	.	1	.	.	.	1	.	.	.
	방형불상대좌, 광배편										
38 배리절골	3	3	.	.	.	.	.	.	.	1	.
39 삿갓골	3	1	.	1	.	1	3	.	.	.	.
	숭모재 내 광배편										
40 삼릉골	10	16	.	4	2	3	.	1	1	.	6
	산신당, 명문석각, 비석대, 석조좌상 복원(2009)										
41 선방골	4	5	.	5	1	.	.	1	.	.	.
	선각여래입상 발견(1997.6)										
42 기암골	3	1	1	1	.	.	.	1	.	.	.
	금송정터, 가늘골 절터 발견(2008.6)										
43 포석골	11	3	1	3	1	1	.	1	2	2	4
	포석정지, 사리탑, 상사바위, 민간신앙터. 황금대밑(왜비)절터 및 포석암반절터 확인. 절터1신발견(2007)-늠비 西 건너편										
44 윤을골	2	3	.	.	.	.	1	.	.	.	.
계	154	124	21	75	22	13	53	21	25	16	41

* 남산유적총계(기타 유물 포함)-약 740

* 통계 이해 참조

 - 불상 : 불, 보살 한분 한분을 각 1기로 통계

   (예: 삼존불-불상 3구, 삼릉골 선각육존불-불상 6구로 통계함)

   탑골 부처바위 비천상 7 불상에 포함.

 - 절터 : 암자터-절터 1개소로 통계 잡음. 외딴 불상 자리 절터 1로 잡음

 - 석탑 : 유실된 것도 통계에 그대로 남김

남산8경	1) 동,서,북쪽에서 보는 남산 부석 3) 냉골 암봉과 상사바위 5) 용장사삼층석탑과 함께보는 고위산 전경 7) 왕경과 함께보는 늠비봉오층탑	2) 칠불암과 신선암 전경 4) 천룡대지와 천룡바위 6) 포석암반과 부엉덤이 8) 삼릉이 보이는 노송숲

1)남산의 규모 : 남북 10km-동서 4km 의 타원형 형태.

2)남산의 지정문화재 : 국보1(칠불암마애석불), 보물12, 사적12,
　　　　　　　　중요민속문화재1(김호장군고택),
　　　　　　　　지방유형문화재11점(총37점)

3)규모가 큰 불상군 : 탑골 부처바위(1,2), 칠불암, 선각육존불

4)가장 큰 불상 : 약수골 마애입상 (8.6m)

5)불상이 가장 많은 곳 : 삼릉골(16구)

6)남산 주변의 고인돌 : 12기

7)당수(보호수) : 14수

8)중요 봉우리 및 고개 : 고위봉(494m), 봉화대봉(476m), 금오봉
　　　　　(468m), 천왕지봉(433m), 냉골암봉(390m), 삿
　　　　　갓봉(285m),해목령(281m), 중창지(190m), 천
　　　　　룡재(380m), 열반재(330m), 백운재(398m), 바
　　　　　람재(310m),이영재(320m), 일천바위(260m)

9)이름있는 바위 : 상사바위(2), 남산부석, 고깔바위, 게눈바위, 일천바위,
　　　　　부처바위, 할미(남근석)바위, 비파바위. 이무기바위

10)중요 현 사찰 : 칠불암, 부흥사, 보리사, 백운암, 천룡사, 삼불사, 망
　　　　　월사, 무량사, 불탑사, 와룡사, 관음사, 통일암

6

신라 통일기 토함산유적의
역사적 성격

I. 머리말

삼국기의 토함산에 대해서 학계는 두 가지 측면에서 관심을 가져왔다. 첫째는 동해 아진포에 도착한 탈해집단의 이동경로이며[1], 둘째는 왜의 정체와 본거지 그리고 침략의 성격 및 신라 왕경 침입루트[2] 등과 관련된 것이다. 전자는 기원전후한 시기 경주지역에 등장하고 있는 다양한 세력들 가운데 하나였지만 동해를 경유하여 아진포에 도착하고 있음이 주목된 것이다. 이들은 얼마 후 토함산 정상을 경유하여 경주분지내로 이동하였음이 확인된다. 후자는 倭가 식량 및 노동력을 약탈하고자 하는 목적으로

---

1 선석열, 2000, 「고대의 울산과 신라의 석씨왕실」, 『하곡김남규교수정년기념사학논총』, 경남대 논총간행위원회.

2 이종욱, 1992, 「광개토왕릉비 및 삼국사기에 보이는 왜병의 정체」, 『한국사시민강좌』11집, 일조각 ; 井上秀雄 外, 1994, 『고대 한일관계사의 이해 - 倭 -』, 이론과 실천.

사진 1 토함산

동해안에 도착한 후 신라 왕경으로 침입하려는 과정에서 벌어지는 토함
산일대에서의 전투들이다. 탈해집단의 출자와 이동경로의 문제는 몇 가
지 서로 다른 견해들이 제기되었지만, 결과적으로 삼국기의 토함산은 탈
해집단의 본거지로서의 성격과 왜의 왕경 침입과 방어 그리고 추격전에
따른 군사적인 측면이 강하게 인식되고 있다.

　통일기에도 토함산은 여전히 倭를 이은 일본과의 접전지역이라는 기본
적인 성격에는 변함이 없다. 따라서 문무왕대에 이르면 토함산과 깊은 관
련을 맺고 있는 탈해왕을 호국신인 東岳大神으로 모시고 있으며, 681년
문무왕릉 역시 일본을 경계할 목적으로 경주분지를 떠나 東海口에 위치
하게 된다. 이러한 신라의 일본에 대한 긴장감은 반세기 동안이나 지속되
는데, 일본의 주된 침입로에 북형산성·관문성·신대리성 등을 완성하고 있

어 방어계획이 구체화되고 있음을 볼 수 있다.

그러나 한편으로는 군사적인 대립과 달리 울산과 경주를 잇는 토함산 서쪽 기슭을 연하여 남북으로 형성된 교통로를 따라 국제무역이 성행하면서 다수의 인적·물적 자원이 왕래하게 된다. 이러한 경제적 배경아래 불교문화는 토함산 동서록의 사찰들을 중심으로 전성기를 맞이하게 된다. 그 결과 수많은 내외국인들의 왕래와 더불어 인도와 서역 그리고 중국으로부터 동점한 불교문화는 토함산을 중심으로 국제적인 성격을 갖게 되면서 신라문화를 완성하는데 기여하게 된다. 나아가 토함산을 중심으로 전개된 이와 같은 현상은 통일기 신라문화가 전개되는 과정의 중심에 위치하면서 주변의 문화를 주도해 나가고 있다.

따라서 토함산에 남아 있는 유적들의 역사적 성격을 밝히는 것은 곧 통일기의 정치·군사·불교문화의 큰 흐름을 파악하는 것과 같다고 할 수 있다. 이러한 역사적 흐름의 배경에는 신라인들이 성소로 여기던 신라 오악 가운데 유일하게 왕경지역에 위치하고 있는 聖山이 東岳, 즉 토함산이라는 상징적인 의미와 무관하지 않을 것이다. 그러나 본고는 토함산일원에 현존하고 있는 유적들이 통일기인 7세기 후반부터 10세기 전반에 걸쳐 있으며, 그 수가 방대하여 전반적인 문제를 모두 다룰 수는 없는 까닭에 각 유적이 성립하는 시대적 배경을 살펴봄으로서 통일기 토함산유적의 역사적 성격을 이해하고자 한다.

Ⅱ. 일본의 침입

　나당전쟁이 종결되는 676년 이후 신라사회에 부여된 가장 중요한 문제
는 통일전쟁 과정에서 야기된 여러 가지 현안들을 해결하는 것이었다. 그
러한 당면과제들 가운데는 백제와 고구려의 유민들을 성공적으로 동화시
켜 부흥운동과 같은 내부반란의 요소를 없애는 등의 국내적인 요소도 있
었지만, 그 가운데 무엇보다도 중요하였던 것은 역시 동아시아의 역학관
계를 고려한 것으로 장차 있을 일본의 침입에 대한 방어였다고 할 수 있
을 것이다.

　그러한 조짐은 당시 신라 정부가 취하고 있는 대내외적 조치들에서 확
인되고 있다. 대내적인 사항은 다음과 같다. 첫째, 탈해사당을 토함산 정
상에 건립하고 있다. 둘째, 문무왕의 유언에서 느껴지는 비장함과 왕릉의
동해조영이다. 셋째, 토함산에서의 산성축조이다. 그리고 대외적으로는
일본의 환심을 사기 위해 취한 저자세외교를 들 수 있다.

　먼저, 문무왕대에는 소극적인 조치이기는 하나 토함산 정상에다 탈해
사당을 건립하고 있음을 볼 수 있다.

사진 2 토함산 정상

① (탈해왕은) 재위 23년만인 建初 4년(79)에 세상을 떠났다. 疏川의 언덕
　가운데 장사지냈는데, 그 후에 (탈해) 신의 명령이 있어 "내 뼈를 조심
　해 묻으라"고 하였다. (파내어 보니) 그의 頭骨 둘레가 3자 2치나 되고,
　身骨은 뼈 길이가 9자 7치였다. 이는 엉키어 뭉쳐서 하나가 된 듯하고,
　뼈마디는 모두 연이어 맺어져 있었으니 이른바 천하에 짝이 없는 장사
　의 골격이었다. 그 뼈를 부수어 빚어 그의 형상을 만들어 대궐 안에 모
　셨다. (탈해) 신이 또 이르기를 "내 뼈를 東岳에 안치하라" 하였으므로
　그 곳에 모셨다[3].

② 혹은 말하기를 탈해왕이 세상을 떠난 후 27대 문무왕 때인 調露 2년 경
　진(680) 3월 15일 신유 밤에 태종의 꿈에 얼굴이 무섭게 생긴 노인이

---

3 『三國遺事』紀異第一 第四脫解王條.

나타나 말하기를 "나는 탈해인데 내 뼈를 소천의 언덕에서 파다가 塑像을 만들어 토함산에 안치하라" 하였다. 왕은 그 말대로 좇았다. 그런 까닭에 나라에서 지금까지 제사를 끊이지 않고 있으며, (탈해왕을 두고) 東岳神이라 한다[4].

사료 ①의 경우 탈해의 뼈를 무덤으로부터 옮겨와 대궐에 안치하였다가 그 후 이를 다시 토함산의 사당내에 안치했는데, 안치한 시기가 언제인지는 분명치 않다. 사료 ②의 경우는 문무왕을 27대로 표기한 점과 시대적 배경을 調露 2년인 680년으로 명기하였음에도 불구하고, 탈해왕을 꿈속에서 만난 왕은 660년에 죽은 태종무열왕이라고 하였다. 이러한 점으로 미루어 보면 두 사료는 신뢰도가 현저히 떨어짐을 알 수 있다. 하지만 두 기록 모두 탈해의 뼈를 무덤으로부터 꺼내었으며, 이를 토함산 정상에다 사당을 만들어 모셨다는 것은 분명해 보인다. 그리고 사료의 구성에 조금은 모순점이 있으나, 그 시기는 문무왕 말기인 680년경으로 추정된다. 이러한 점들은 사료 ②에서 고려시대에 이르기까지 국가가 주관하는 제사가 탈해사당에서 지속되고 있음을 언급하고 있음에서도 증명되고 있다. 따라서 이 사건을 다만 구전에 의한 전설로만 여길 것이 아님은 분명해 보인다.

그러면 왜 문무왕때에 신라인들에게 탈해의 존재가 부각되었느냐 하는 점이다. 이 점은 아마도 신라인들에게 탈해는 토함산과 밀접한 관련이 있는 존재로 인식되고 있었으며, 나아가 그가 왕의 신분이었던 점에서 찾을 수 있다. 즉, 신라사회는 그를 東岳神으로 여기고 있었던 것으로 보여진

---

4 『三國遺事』紀異第一 第四脫解王條 위 記事에 대한 分註.

사진 3 대왕암

다. 따라서 문무왕대에 일본의 침입을 염려한 신라가 탈해의 骸를 무덤으로부터 옮겨와 塑像을 만든 뒤 이를 토함산 정상의 사당에다 모신 것이다.

　이로써 우리는 신라가 일본의 침입을 기정사실화하고 난 후 신라인들이 취한 가시적인 조치의 첫 단계는 문무왕대에 이르러 신라인들의 의식 속에 잠재해 있던 탈해왕의 영혼을 五岳의 하나인 東岳의 神으로 모시는 일이었음을 알 수 있다.　그리고 이 작업은 토함산 정상에 사당을 마련하고, 그 내부에다 왕의 유골을 왕릉으로부터 가져와 塑像으로 만들어 모신 후 國祀를 거행함으로서 마무리된 것이다. 그리고 탈해의 사당지는 신라 왕경에서 동해를 조망하는데 가장 좋은 위치로 동해를 통해서 침범하는 일본군을 감시한다는 상징적인 의미를 부여했음을 알 수 있다.

아울러 우리는 비슷한 시기 신라사회에 유포된 설화 가운데 大王岩과 感恩寺를 무대로 성립된 萬波息笛說話[5]를 주목할 필요가 있다. 이 설화는 문무왕의 장례절차와 관련된 것으로 추정되고 있는데[6], 당시 신라인들이 느꼈을 사회적 분위기를 잘 반영하고 있다. 우선 『삼국사기』에 전해지는 문무왕의 유언 내용을 살펴보면[7] 매우 비장한 분위기를 느낄 수 있다. 즉, 문무왕은 당시의 국내외 정세로 미루어 잠시라도 國政에 공백이 생겨서는 안된다는 것을 강조하고 있으며, 나아가 자신의 시신이 든 관 앞에서 태자가 즉위식을 거행할 것을 지시하고 있다. 이어 왕은 임종을 맞이하면서 화장할 것과 자신의 의지를 담아 장지를 동해구로 결정하는 일대 단안을 내리고 있음을 볼 수 있다. 아울러 동해에다 자신의 뼈를 묻으면 호국룡이 되어서 일본의 침입으로부터 신라를 보호하겠노라고 하였다.

여기에서 우선적으로 관심을 가져야 할 것은 葬地이다. 삼국기 신라 왕들의 葬地를 분명히 알 수 있는 것은 경주분지내의 평지에 古塚古墳을 마련한 제17대 奈勿麻立干부터이다. 그 이후 법흥왕부터는 비록 西兄山 東麓으로 자리를 옮기고 있지만 무열왕대에 이르기까지 왕경 중심지 주변을 벗어나지 않았다는 사실은 중요하다. 그런데 문무왕은 기존의 장지를 일탈하여 동해구를 장지로 선택하는 파격적인 단안을 유언이라는 형식을 통하여 신문왕에게 지시한 것이다.

물론 동해구 일원은 진평왕 5년(583) 船府署[8]설치와 문무왕 18년(678)

---

5 『삼국유사』 권제2 기이 제2 만파식적조.
6 장충식, 1994, 「문무대왕의 위적」, 『신라문무대왕』, 동국대 신라문화연구소·경주군, 148~150쪽.
7 『삼국사기』 권제7 신라본기 문무왕 21년조.
8 春正月 始置船府署 大監弟監 各一員(『삼국사기』 권제4 진평왕 5년조).

船部설치[9] 이후는 동해에 대한 제해권을 신라가 확보함으로써 안전지대에 놓이게 된 곳이다. 하지만 왕릉이 마련될 동해구는 삼국기 신라 왕경에 대한 왜의 주된 침입로 가운데 하나였다. 따라서 일본을 의식하고 있던 신라는 문무왕 재위시에 이미 동해구 일원에 대한 중요성을 상기시키고자 국가 주도로 감은사를 짓기 시작하였으며, 뒤이어 문무왕의 능침을 동해구 대왕암으로 정하게 되는 것이다.

그러한 임종 당시의 상황은 676년 나당전쟁 종료를 기점으로 하여 변화된 동아시아의 국제정세에 그 원인이 있다. 즉 신라는 당과 일본이 동맹을 맺어 신라를 침공할 경우를 염려하고 있는 것이다. 이러한 신라사회의 긴장감은 문무왕으로 하여금 일본을 의식한 동해 방어의 중요성을 늘 염두에 두도록 결과를 가져오게 한 것이다.

이러한 시대상을 전제로 할 경우 만파식적설화가 의도한 바는 다음과 같이 정리할 수 있다. 즉, 문무왕이 동해의 護國龍이 되어 일본의 침공으로부터 신라를 지키고 있으며, 김유신장군 역시 三十三天의 一子가 되어 있으므로 불법의 보호를 받을 수 있게 되었다. 아울러 두 성인이 힘을 합치어 黑玉帶와 萬波息笛을 신라에 주었는데, 이 두 물건은 신라사회의 모든 근심을 없게 해 준다는 것이다. 따라서 만파식적 설화는 결과적으로 '신라에서는 더 이상의 내우외환은 없으니 안심하고 생업에 종사하라'는 대국민 메시지인 셈이다. 이러한 설화는 통일전쟁과정에서 엄청난 희생을 치르면서도 국민의 신뢰를 한 몸에 받았던 문무왕과 김유신이라는 두 인물이 673년 7월 1일과 681년 7월 1일에 각기 세상을 떠남으로서 생긴 신라사회의 정신적 공황을 메우는 작업의 일환이기도 하였을 것이다.

---

9 船部 舊以兵部大監-弟監 掌舟楫之事 文武王十八年別置(『삼국사기』 권제38 雜志 第七 職官 上).

즉 비록 육신은 죽었어도 두 사람은 신라인들과 영원히 함께 하며, 나아가 국가의 재난 역시 삼국통일전쟁 및 나당전쟁을 승리로 이끌었던 것과 같이 두 사람의 도움에 의해 앞으로도 전쟁은 없거나 있어도 승리로 이끌 수 있다는 자신감을 심어주고 있는 것이다.

이처럼 동해를 지킨다는 東岳神과 護國龍의 존재로 상징되는 두 설화가 보여주는 당시의 정황은 문무왕 재위 후반기인 7세기 중엽에 신라가 일본의 침략 가능성에 대해서 얼마나 심각하게 인식하고 있었나를 상징적으로 말해 주는 것이다. 즉, 두 설화가 등장하는 이면에는 그만큼 토함산과 동해안을 중심으로 하는 일본과의 군사적 긴장감이 높았음을 의미하는 것에 다름 아니다.

한편, 신라로 하여금 동해와 토함산을 국방상의 중요한 장소로 인식하게 된 역사적 배경에는 백제의 실질적인 몰락을 의미했던 白江口 海戰[10]이 자리하고 있다. 백강구해전(663년)은 삼국통일 과정에서 임존성에 잔류한 백제 부흥군을 도우러 출정하였던 왜의 수군 1,000여척과 이에 맞서 당나라 수군과 신라군 등이 최후의 결전을 벌였던 전투로 유명하다. 그런데 이 백강구 해전의 결과는 탈해왕이 동악대신으로 재등장하고 문무왕릉이 동해구에 위치하게 되는 실질적 원인을 제공하게 된다.

백강구 전투에서 패한 후 백제의 나머지 세력은 왜군의 잔존 세력들과 함께 바다건너 倭로 망명하게 된다. 이후 670년경에 그들은 야마토大和朝廷과 연합한 뒤 日本을 건국하게 된다. 그러나 白江口戰役 이후 한편으로 왜는 羅·唐同盟이 대한해협을 건너 침공해 올 것을 대비하여 쓰시

---

10 신호웅, 1986, 「동해구유적의 역사성」, 『영동문화』2호, 관동대 영동문화연구소 ; 장충식, 1994, 「문대왕의 위적」, 『신라문무대왕』, 동국대 신라문화연구소·경주군, 146~147쪽 ; 변인석, 1994, 『白江口戰爭과 百濟·倭관계』, 한울아카데미.

마 및 일본열도의 큐슈 등지에 664년부터 667년까지 백제식 산성을 축조해 방어시설을 증설해 나갔음이『日本書記』天智紀에서 확인되고 있다[11]. 또한『日本書紀』와『續日本記』를 보면, 신라와 일본은 외교적으로 노력을 기울여 고구려가 망하는 668년부터 700년까지 遣日本使는 25회, 遣新羅使는 10회를 서로 파견하고 있다.

특히 675년의 김충원, 687년의 김상림, 695년의 김양림 등은 왕자의 신분으로 외교사절단에 동행하고 있음이 주목된다. 이는 신라가 국내외적으로 안정기를 맞이한 8세기가 되면, 일본에 대한 사절단을 거의 파견하지 않음과 752년 김태렴이 유일하게 왕자의 신분으로 渡日하고 있는 것과 비교하면 많은 차이를 보이고 있다[12]. 이와 같이 양국간의 외교적 노력이 7세기 후반에 집중되고 있음을 볼 수 있다. 신라입장에서 보면 통일전쟁과정에서 생겨난 감정으로 인하여 일본이 당과 동맹하여 전쟁을 일으킬지 모른다는 우려를 갖고 있었음을 의미하며, 한편으로는 신라가 일본을 침입할 의사가 없음을 인식시킴과 동시에 일본측의 우려를 불식시키고자 한 결과인 것이다.

신라 역시 일본과 마찬가지로 외교적인 노력과 함께 일본의 침공을 대비하여 토함산일대를 방어기지화하는 작업을 진행하였다. 즉, 문무왕 13년(673)에 완성한 北兄山城[13]과 함께 제33대 성덕왕 21년(722)에 이르면 關門城과 신대리성이 완성되기에 이른다[14]. 즉, 북형산성은 영일만과 형

---

11 정효운, 1991,「7세기대의 한일관계의 연구(하)」,『역사고고학지』7집, 동아대학교 박물관, 236쪽 ; 연민수, 1996,「西日本地域의 朝鮮式 山城과 性格」,『한국고대사논총』8(한국고대사회연구소편), 가락국사적개발연구원.

12 김은숙, 1991,「8세기의 신라와 일본의 관계」,『국사관논총』29집, 국사편찬위원회, 104~108쪽.

13 十三年…九月 築北兄山城(『삼국사기』신라본기 문무왕).

14 박방룡, 1982,「신라 관문성의 명문석 고찰」,『미술자료』31, 국립중앙박물관.

사진 4 관문성

산강을 통해서 왕경의 북쪽으로 침입하는 적을 방어하기 위한, 관문성은
울산만과 토함산 서록을 경유하여 침입하는 적을 막기 위한 것이었다[15].

　여기서 한가지 주목할 것은 관문성의 지정학적 위치이다. 삼국기 왜의
침입이 빈번하던 감포와 대왕암이 있는 동해구일대가 아니라 울산만에서
경주로 이동하는 토함산 서록의 남쪽에 일본을 방어할 목적으로 축성하
고 있는 것이다. 이러한 국방상의 전반적인 변화는 왜의 침입이 진평왕대
의 船府署 설치 이후부터 문무왕대에 이르기까지 동해의 제해권에 대해
지속적인 관심을 가진 결과 더 이상 동해구에서 토함산 북록을 경유하여

15　정영호, 1977, 「新羅 關門城에 대한 小考」, 『古文化』15, 한국대학박물관협회, 3쪽.

왕경을 침입하는 일이 불가능하여졌기 때문이다.

따라서 일본은 동해구를 통한 기존의 침입로가 이전처럼 역할을 수행할 수 없게 되자 울산만을 통하여 토함산 서록을 경유 신라 왕경으로 침입을 시도한 것으로 보인다. 그러한 상황변화는 관련기록에서 토함산 서쪽에 축성된 관문성이 일본을 방어하기 위하여 축조되었다고 그 이유를 설명하고 있는 것으로 미루어 알 수 있다[16]. 즉, 신라는 동해구와 현 감포 일원을 통해 침입하던 왜가 선부서의 설치이후 동해가 안전지대에 놓이게 되자, 토함산 동록에 산성이 축조되지 않고 울산만을 통해 신라 왕경에 이르는 토함산 남쪽에 산성이 자리하게 되는 것이다.

결과적으로 문무왕이 석탈해의 왕릉에서 유골을 꺼내어 소상을 만든 후 토함산에 안치하였다는 설화와 문무왕릉인 대왕암이 동해구에 위치하게 되는 역사적 사건의 배경에는 일본의 침략 가능성에 대한 신라정부의 우려가 자리하고 있음을 알 수 있는 것이다. 이 점은 통일직후 영일만과 토함산에서 산성을 축조하고 있음과 맥락을 같이하고 있다. 즉, 통일직후에는 신라사회가 토함산에 부여한 여러 기능 가운데 무엇보다도 護國的 성격이 가장 중요하였음을 말하고 있다.

---

16 ① 겨울 10월 毛伐郡城을 쌓았는데 日本賊의 침입로를 차단하기 위한 것이다(『삼국사기』 신라본기 성덕왕 21년조) ② 開元 10년 10월에 비로소 毛火郡에 關門을 쌓았다. 지금의 모화촌으로 경주 동남부 경계지점에 속하며 日本을 방어하기 위한 변방의 성책이다(『삼국유사』 기이제이 효성왕조).

Ⅲ. 간선도로

　삼국기 신라에서 가장 주요한 간선도로는 역시 중국으로 가는 육로인데 영천과 대구를 경유하는 루트였다. 그러나 한편으로는 왕경에서 동해로 가는 도로 역시 중요한 것임에는 분명하였다고 할 수 있다. 그 가운데 토함산을 중심으로 발달된 고대 교통로는 신라 왕경에서 동해구에 이르는 토함산 북쪽 길과 왕경에서 울산을 잇는 토함산 서록의 길이 대표적이다. 그리고 근자에 이르러 더 이상 사용되지 않는 東山嶺을 이용하여 토함산의 동서를 잇던 길이 있었다.

　먼저 이들 가운데 가장 이른 시기에 개척된 토함산 북쪽 경로는 주로 삼국기의 倭人들이 신라 왕경으로 침입할 때 이용되었는데, 다음과 같이 추정된다. 즉, 장기읍성이 있는 동해 양포만일대에 도착하여 감재의 만리성을 경유 기림사·용연·불령·세수방·모차골·황룡골·덕동댐을 지나 明活城에 이르는 길과 감포 또는 대왕암이 있는 東海口에 도착하여 팔조리성이 있는 어일을 지나 역시 기림사를 경유하여 같은 방법으로 경주에 이르는 길이다. 두 길 가운데 특히 대왕암으로부터 출발하는 동해구 노선은 신문왕이 문무왕의 장례 행렬과 감은사 낙성식을 통하여 黑玉帶와 萬

波息笛을 얻어 왕경으로 돌아가던 길로 유명하다[17]. 그런데 이 길은 왜인들이 식량 또는 노동력을 확보하고자 하는 차원에서 빈번하게 신라 왕경을 침입할 때 주로 이용하였다.

그러나 삼국말기인 진평왕 5년(583)에 이르면 국가차원에서 해군사령부라 할 수 있는 선부서가 설치되어 동해에 대한 제해권이 신라에 의해 장악된[18] 이후부터는 더 이상 왜인들이 은밀히 잠입하던 길이 아닌 신라인들이 동해로

사진 5 감은사지와 동해구

가고자 할 때 이용된 幹線道路로 변화되었다. 따라서 신라인들이 이 길을 따라 감포와 감은사를 통해 동해로 자유로이 왕래하게 된 것은 진평왕대 이후부터라 할 수 있다. 따라서 신라 왕경에서 동해구에 이르는 교통상에 위치하는 유적들은 진평왕대인 7세기 전반기부터 조성되기 시작한 것으로 다음과 같다. 즉, 祇林寺・感恩寺・高仙寺・千軍里 東西 三層石塔・骨窟庵 磨崖如來坐像・龍淵・佛嶺 廢寺址出土 石造如來坐像・表忠寺 廢塔材・黃龍谷 黃龍寺 등으로 하한시기는 통일신라 말기인 10세기 전반기

---

17 최용주, 1983, 「수렛재를 찾아서」, 『새벌동산』, 가을호, 경주 ; 편집부, 1984, 「大王岩에 이르는 길」, 『慶州史學』3집, 동국대 국사학회.

18 이종학, 1992, 「문무대왕과 신라 해상세력의 발전」, 『경주사학』11집, 경주사학회, 75쪽.

사진 6 망덕사지와 벌지지

이다[19].

　그 후 고려말에 이르면, 토함산 동록인 동해안을 따라 자행된 왜구의 노략질이 이 길을 따라 다시 이루어지고 있다. 당시 왜구들의 행동반경은 경주지역 내륙뿐만 아니라 영천지역을 포함하였는데, 주로 영일만을 통해 진입한 왜구들은 포항과 영천지역을 노략질하고, 감포와 양포 등지에 상륙한 왜구들은 경주 중심지로 이동을 하였다. 현재 양포만에 위치한 長鬐邑城은 고려 현종 2년(1011)에 土城으로 축성된 후 石城으로 개축된 것이며, 그 위치는 동해안 방어의 지리적인 특성을 고려한 것이다[20]. 특히

19　이근직, 1999, 「역사」, 『새로 읽는 경주문화』, 중문사, 42쪽.
20　김원주, 1991, 「장기읍성의 연혁」, 『장기읍성』(지표조사보고서), 국립경주문화재연구소, 31~

감은사는 왜구들의 주된 표적이 되어 빈번히 약탈당하는 실정이었다[21]. 따라서 당시 경주부윤의 가장 큰 고민거리는 왜구들의 노략질로부터 경주지역 백성들을 보호하는 것이었다[22].

둘째, 경주에서 울산을 잇는 길로는 현재까지 발견된 삼국기 유적인 조양동고분군·구정동고분군·죽동리고분군·입실리유적·구어리고분군·중산리고분군 등을 미루어 보아 토함산 서록 일대가 주된 주거지이자 교통로였던 것으로 생각된다. 이 길은 박제상의 부인이 울산지역의 항구를 이용하여 일본으로 가던 박제상 일행을 따라가다가 이르지 못하고 망덕사 앞 벌지지에서 두 다리를 뻗고 통곡한 곳이며[23], 印度 阿育王이 보낸 삼존상 및 불상재료들이 왕경의 황룡사로 운반되어지기도 하였다[24].

이 길은 통일기에 이르러서도 여전히 유지되어 처용이 개운포에서 헌강왕을 만나 신라 왕경으로 올 때[25] 이용되기도 하였다. 그리고 이 길과 연하여 왕실 및 진골귀족들과 관련되어 창건되거나 조성된 사찰은 다음과 같다. 즉, 四天王寺·望德寺·傳神文王陵·傳孝恭王陵·傳師子寺·傳神武王陵·移車寺·聖德王陵·傳孝昭王陵·方形墳·甘山寺·影池石造如來坐像·元聖王陵·活城里 石造如來立像·崇福寺·遠源寺 등이다. 당시의 사찰 및 왕릉들은 주로 교통로를 따라 발달하게 되는데, 이러한

35쪽.

21 1980년 감은사지 발굴과정에서 출토된 1351년 제작의 청동반자 명문은 당시 왜구들의 해적활동 상황을 말해주고 있다(국립경주문화재연구소, 1997, 『감은사발굴보고서』, 198~202쪽).

22 윤호의 자는 仲文이니 坡平君 윤해의 아들이다. …공민왕이 넌지시 諫한다고 여겨 마침내 그를 疏遠하여 楊廣道都巡問使로 삼았다. 군사를 꾀로써 잘 부려 여러 번 倭寇를 잡았으며, 慶州府尹이 되어 적을 잘 방어하였다(『조선왕조실록』 태조 2년 6월 24일).

23 『삼국유사』 기이제일 내물왕 김제상조.

24 『삼국유사』 권제3 탑상 제4 황룡사장육조.

25 『삼국유사』 기이제이 처용랑 망해사조.

현상은 고대 삼국에서 보편적인 현상이라고 할 수 있다.

백제의 경우 왕경이었던 부여 또는 공주로부터 당나라로 갈 때 이용하던 항구인 唐津과의 노선주변에 해당하는 충남 덕산과 서산 그리고 태안 등지에 백제를 대표하는 마애불과 사찰들이 남아 있다. 따라서 왕경과 울산을 잇는 삼국기와 통일기의 이동로는 큰 변화가 없었던 것으로 보인다. 그리고 이러한 현상의 근저에는 통일기에 이르러 울산만이 국제항으로 급부상하게 됨에 따라 중요성이 증대되어 신라인들의 빈번한 이동이 있게 된데 있다. 특히 성덕왕 32년에 중국이 北狄인 渤海와 靺鞨을 정벌하고자 할 때 지원군을 요청하기 위해 신라를 다녀간 당나라 사신들 604명이 관문성을 경유하고 있음은 당시 신라 왕경과 국제무대를 연결하던 교통로가 경주와 울산을 잇는 토함산 서록임을 증명하고 있다[26]. 그러한 측면의 연장선상에서 헌강왕의 울산 開雲浦 나들이와 處容의 등장 등이 이해되어야 할 것이다.

위와 같이 통일기의 왕실 및 귀족 사원들의 창건, 왕의 순행과 국제무역로의 역할 등이 토함산 서록 루트로 집중되고 있음을 볼 수 있다. 이는 삼국기 신라의 대중국 교통로가 왕경의 서북쪽으로 연결된 육로였음과 달리 통일기에는 울산만을 이용하는 해양루트로 변경되었음을 의미하는 것이다.

---

26 ① 秋七月 唐玄宗 以勃海靺鞨越海入寇登州 遣大僕員外卿金思蘭歸國 仍加授王 爲開府儀同三司寧海軍使 發兵擊靺鞨南鄙 會大雪丈餘 山路阻隘 士卒死者過半 無功而還 金思蘭本王族 先因入朝 恭而有禮 因留宿衛 及是 委以出疆之任(『삼국사기』신라본기 성덕왕 32년조) ② 開元二十一年癸酉 唐人欲征北狄 請兵新羅 客使六百四人來還國(『삼국유사』기이제이 효성왕조). 사료②의 경우 관문성을 경유하고 있다는 직접적인 증거는 없으나, 내용이『삼국유사』기이제이 효성왕조에서 관문성 축조 기사와 연결되어 등장하고 있음은 두 기사가 서로 다른 공간적 배경에서 발생한 것이 아님을 의미한다고 할 수 있다.

그런데 고려말기가 되면 토함산 서록을 벗어나 경주 남산의 동록을 따라 이어지는 도로를 이용하고 있음이 확인된다. 구체적으로 이동노선이 변경된 이유는 확인할 길이 없으나, 몇 가지 정황으로 미루어 토함산 서록은 잊혀진 옛길이 되었음이 명확해진다. 이러한 현상은 고려말과 조선시대 관련기록을 확인할 경우, 토함산 서록의 신라시대 유적과 조선시대 자료가 등장하지 않는 반면, 남산 동록의 조선시대 관련자료들이 증가하고 있다는 점을 통해서 알 수 있다.

이러한 변화양상을 읽지 못하고 최근에도 신라시대 이래로 토함산 서록이 아닌 남산 동록이 주된 교통로였던 것처럼 추정되기도 한다[27]. 즉, 고려말과 조선초기의 자료를 통해서 경주와 울산을 잇는 간선도로가 기존의 토함산 서록을 경유하는 것이 아닌 경주 울산간에 형성된 地溝帶의 서편으로 이동하여 남산 동록을 따라 울산으로 이어지고 있음이 확인되고 있는 것이다. 물론 구체적으로 교통로의 변동에 어떤 직접적인 원인이 있었는지는 알 수 없으나 麗末鮮初의 상황에 대해서는 하륜이 쓴 惠利院의 序文이[28] 참고된다.

여기에는 혜리원을 짓게 된 연유 등이 자세히 기록되어 있다. 그런데 四天王寺의 堂頭인 然上人이 부모의 命福을 빌기 위해 지었다는 이 院의 터는 지금의 慶州市 外東邑 冷川里 德洞마을에 있다. 德洞마을은 德房洞이라고도 하였으며 德房못이 있는 부근에 院舍가 있었다[29]. 그런데 중요한 것은 하륜이 경주를 찾는 고려말 조선초기에 이미 경주와 울산을 잇는

---

27 박방룡, 1997, 「新羅 都城 硏究」, 동아대학교 대학원 박사학위 청구논문, 195쪽 「도45」 참조
28 『신증동국여지승람』 경주부 역원조
29 朴方龍, 1995, 「新羅 王都의 交通路」, 『新羅文化祭學術發表會論文集』16, 新羅文化宣揚會

가도에는 인가가 없다는 사실과 두 고을의 중간쯤에 위치한 이 덕동마을은 토함산 서록이 아닌 남산동록에 가깝다는 사실이다. 이 위치로 미루어 보면 경주와 울산을 잇는 현재의 국도와는 서쪽으로 많이 떨어져 있음을 알 수 있다. 이러한 도로의 동선은 임진왜란 전후까지 계속되어 토함산 서록의 많은 신라시대 유적들이 경주인들의 기억에서 잊혀지게 되는 계기를 마련하게 된다. 그 후 임진왜란을 통해 1669년에 간행된 『동경잡기』 능묘조에서 경주인들에게 처음으로 알려지게 되는 掛陵의 경우는[30] 그러한 역사적 경과를 단적으로 증명하고 있다고 할 수 있다. 그 이후 토함산 서록의 길은 다시 이용되기 시작하였으며, 이동로 주변지역에는 지역민들도 옮겨와 거주하기 시작하였다.

마지막으로 토함산 동쪽의 동해안일원과 서쪽인 현 구정동과 외동읍지역을 잇던 교통로인 東山嶺路는 일찍이 발달하였을 것으로 추정되는데, 이 길을 신라인들이 가장 왕성하게 이용하였던 시기는 아마도 장항리 절터가 들어서는 8세기말경일 것으로 생각된다.

결과적으로 삼국기 신라의 대중국 간선도로는 경주를 출발하여 영천을 경유하는 서쪽루트였으나, 통일기에 오면 경주와 울산을 잇는 토함산 서쪽 기슭의 도로로 대체되고 있음을 볼 수 있었다. 이 도로는 신라의 멸망과 더불어 급격하게 쇠퇴한 것으로 추정된다. 그리고 하륜의 혜리원 서문은 어느 시기부터인가 경주에서 울산을 가려고 할 경우 남산 동쪽 기슭을 따라 난 길을 이용하기 시작하였음을 보여주고 있는 것이다.

---

30 「新增」掛陵在府東三十五里 不知何王陵 俗傳 葬於水中 掛柩於石上 因築土爲陵 故名焉 石物尙存(『동경잡기』능묘조)

Ⅳ. 불교문화

1.

　국가차원에서 건립되던 경주지역의 사찰들을 6세기 전반기부터 10세
기에 이르기까지 창건 연대순으로 구분해 보면 크게 세시기로 나뉘어지
면서 시기별로 지역을 달리하고 있음이 확인된다. 첫째 시기는 중고기인
진흥왕대로부터 선덕여왕의 재위 전반기인 6세기중엽부터 7세기 전반기
에 이르는 기간으로 당시 창건된 사찰들은 西川 東岸의 남북선상에 위치
하게 된다. 둘째 시기는 신라 왕경의 골격이 대체적으로 갖추어지는 선덕
여왕 재위 후반기로부터 효소왕대에인 7세기 후반에 이르는 기간인데 이
때는 황룡사와 낭산을 중심으로 사찰이 건립되고 있다. 이 지역은 월성
과 안압지를 중심으로 하는 신라 왕경의 중심부에 해당되는 곳이다. 마지
막 시기는 불교문화가 전성기를 맞이하는 중대인 8세기 이후부터 쇠퇴기
인 하대 9세기 중엽에 이르는 기간으로 당시 토함산 서록과 南山이 중요
한 지역으로 등장하고 있음을 볼 수 있다. 즉, 토함산 서록을 남북으로 잇
는 이 간선도로는 통일기 신라 왕실에서　무엇보다도 주된 관심지역이었

사진 7 감산사 석조아미타여래상과 미륵보살상

다고 할 수 있다. 그것은 통일신라 전시기에 진행된 왕경지역과 울산만으로 이동하는 신라인 및 이슬람 상인들을 포함한 국제 무역상들의 빈번한 출입과 무관하지 않았다[31]. 당시 국제 상인들의 존재는 『삼국유사』에 보이는 處容과 같은 존재들로 추정된다[32]. 이들을 통해 수입된 물품들은 신라 귀족들의 사치성을 조장하는 결과를 가져오기도 하였다.

그 결과 국제항인 울산만과 왕경으로 왕래하던 상인들과 무역상 그리

---

31 李龍範, 1969, 「三國史記에 보이는 이슬람 商人의 貿易品」, 『李弘稙博士回甲紀念韓國史學論叢』, 刊行委員會 ; 이용범, 1984, 「국제도시로서의 경주」, 『역사도시 경주』, 열화당, 94~107쪽

32 이용범, 1969, 「처용설화의 일고찰」(唐代 이슬람 상인과 신라), 『진단학보』32집, 진단학회

고 신라 왕실과 귀족들의 탄탄한 경제적 지원아래, 토함산 지역에는 왕실과 귀족들이 창건한 移車寺・佛國寺・石佛寺・甘山寺・崇福寺・遠源寺 등의 대표적인 통일기 사찰과 文武王陵・傳神武王陵・聖德王陵・傳孝昭王陵・方形墳・元聖王陵 등이 자리하게 되는 것이다.

한편 왕경과 동해를 잇는 토함산 북록의 기림사를 경유하는 도로 주변에도 주요한 사찰들이 창건되고 있음을 볼 수 있다. 즉, 7세기 창건의 祇林寺를 시작으로 感恩寺・高仙寺・千軍里 寺址・骨窟庵 磨崖如來坐像・佛嶺 廢寺址・表忠寺 廢塔材・黃龍谷 黃龍寺・鍪藏寺 등이다.

그런데 이들 사원 및 폐사지의 조사내용을 종합해 보면, 토함산 일원에 창건되었던 사찰들이 당대의 사원건축 및 조각으로 특징되는 불교문화를 선도하였던 대표적인 사찰들이었음이 확인된다. 즉, 8세기에 오면 국가 또는 진골 귀족들이 창건하는 대부분의 사찰은 토함산일원에 위치하게 되고 왕경의 여타지역에는 상대적으로 왕실사원 또는 진골귀족 사원의 건립은 감소하게 된다. 그 결과 토함산에 위치한 사원들의 가람배치와 불상 및 석탑의 양식들은 자연스럽게 당시의 불교문화를 주도한 것으로 생각된다.

대표적인 경우는 682년 창건의 감은사・성덕왕대의 감산사・775년경 불국사와 석불사・8세기말의 장항리 절터・9세기초의 원원사 등이다. 감은사는 백제 미륵사에서 보여준 가람배치의 여러 요소들을 활용하고 있으며, 통일기 쌍탑 가람배치에서 처음으로 동서 삼층석탑의 완성을 보아 통일기 신라식 가람에서 석탑배치의 전형을 완성하였다.

감산사에서는 당문화의 영향아래 조각된 것으로 보이는 西域樣式의 아미타여래입상 및 미륵보살상이 조성되고 있으며[33], 불상대좌에서는 새로

33　김리나, 1989, 『韓國古代佛教彫刻史研究』, 일조각, 180~189쪽・206~238쪽

사진 8 불국사 석가탑

운 형식이 등장하고 있다. 팔각으로 이루어진 대좌는 지대석을 마련한 후 그 위에 하대와 상대를 마련한 것이다. 상대는 각각 12엽의 앙련과 복련을 엇갈리게 조각하고 인동문을 넣었으며, 하대는 팔각으로 각면에 안상을 새기는 수법이다. 이러한 불상의 대좌는 장항리 절터 불상대좌에서도 나타나는데, 상대는 감산사와 마찬가지로 연꽃을 조각한 원형연화대좌이나 하대는 측면의 안상 속에 神將과 神獸를 조각한 형태로 발전되고 있다. 이러한 불상대좌는 남산의 삿갓골 석조여래입

상의 대좌와 합천 영암사지 석조여래입상의 대좌로 이어지고 있다.

또한 신라왕실의 후원아래 김대성에 의해 창건된 佛國寺는 山地伽藍의 지형적 결함이라고 할 수 있는 경사면을 석축으로 극복한 다음 평지가람과 다름없는 사원을 건립한 예로 이후 산지가람의 전형이 되고 있다. 또한 사역내에 석가모니불의 대웅전과 아미타불의 극락전을 함께 배치하였는데 이러한 구도는 8세기말에 남산 냉골 일명사지의 암반에서 동서로 병열되어 線刻磨崖釋迦牟尼三尊佛과 線刻磨崖來迎阿彌陀三尊佛로 재등장하게 된다. 아울러 고구려 산성의 건축기법 가운데 하나였던 '그랭이법'이 석축과 석가탑 하층기단 아래에서 재현되기도 하였다.

특히 석가탑 기단부 아래를 기존의 신라 석탑과 달리 자연암반으로 처

리한 것은 석가모니가 巖山인 영축산에서 『법화경』을 설법하였다는 경전상의 내용을 그대로 옮긴 것이다. 즉, 법화경을 설하던 당시의 모습을 석가탑이라는 건축물로 재현한 것이다. 이와 같이 석가탑 건립에 적용된 사상적 배경은 남산의 용장사지에도 그대로 적용되어 자연암반을 깎아낸 후 그 위에 삼층석탑을 세우고 있다. 또한 동서 삼층석탑의 배치에서 기왕에 고집해 오던 같은 형태의 석탑을 이형석탑인 다보탑을 동쪽에다 등장시킴으로서 동서 대칭은 그대로 유지하되 양식면에서는 비대칭의 변화를 보여 주었다. 그러나 이러한 시도는 남산리 절터 동서 삼층석탑에서 재현될 뿐 통일기 사찰에서 환영받지는 못하였다.

石佛寺의 구조와 彫刻群像들은 印度의 石窟寺院에서 출발하여 실크로드를 따라 중앙아시아와 중국을 거쳐 전파된 것으로, 동아시아 불교미술사상 가장 완벽한 석굴사원의 모습을 갖추고 있다. 특히 원형에다 覆蓮을 조각한 하대석과 팔각의 중대석 그리고 仰蓮을 조각한 원형의 상대석으로 완성된 본존불 대좌의 새로운 형식은 9세기 석조여래좌상의 典型이 되고 있다. 이러한 佛國寺의 伽藍配置와 石佛寺 창건의 사상적 배경은 中古期 이래로 皇龍寺 丈六尊像의 조성인연과 東竺寺 그리고 皇龍寺 九層塔의 건립 배경, 나아가 善德女王陵이 있는 狼山의 須彌山說, 8세기 중엽에 流布된 新羅 王京에 있다고 한 前佛七處伽藍之墟說 등에서 그 바탕이 확인되는 것으로써 불교전래와 더불어 신라 왕실에서 지속적으로 추구하던 新羅 佛國土說의 완성인 것이다.

崇福寺에는 昌林寺와 마찬가지로 9세기 조성의 비로자나불이 모셔져 있었는데 시기적으로 보아 이 불상이 신라 하대 9세기 비로자나불 조성의 한 전형이 되었을 가능성이 있으며, 아울러 四山碑銘 가운데 하나인 최치원찬의 숭복사 비문이 있던 곳이다. 특히, 元聖王陵의 조성과정에서 왕릉이 들어설 자리에 위치하고 있던 鵠寺를 왕실이 후한 값으로 매입하

사진 9 숭복사비 (복원)

였으며, 곡사는 자리를 옮겨 숭복사로 다시 창건하게 되었다는 崔致遠撰
의 崇福寺 碑文의 내용은 신라가 비록 왕토사상을 유지하고 있었으나 개
인의 사유재산을 인정하고 있었음을 알게 하는[34] 중요한 자료이다.

　그리고 황룡사 9층탑이 중건되고 있는 경문왕대에 중창된 숭복사의 경
우 경주지역에서 사실상 왕실주도의 마지막 寺院이 아닌가 하는 추측을
낳게 한다. 이러한 사실은 경주지역에 더 이상 왕실관련 사찰이 존재하지
않으며, 관련기록 또한 확인되지 않기 때문이다. 이러한 당시의 상황은
신라의 국가 재정이 사실상 여유가 없음을 의미하는 것이다.

34　이우성, 1965, 「新羅時代 王土思想과 公田」, 『조명기박사회갑기념불교사학논총』, 219쪽

2.

통일기 신라 석탑형식의 주된 흐름은 크게 여덟 가지로 분류된다. 이를 경주지역 석탑을 중심으로 대별해 보면 다음과 같다.

사진 10 천군리사지 동서 삼층석탑

① 高仙寺址 삼층석탑·나원리 절터 오층석탑 · 皇福寺址 삼층석탑 · 천군리 절터 동서삼층석탑 · 불국사 석가탑 등의 경우처럼 감은사 삼층석탑의 형식을 이어받아 장식적인 조각상을 추가하지 않은 채 건립되는 석탑계보이다.

② 창림사 삼층석탑의 상층 기단부에서 팔부중상을 배치한 이래, 이 경향을 따르는 왕경내의 曇嚴寺와 四祭寺 그리고 남산리 절터 서삼층석탑과 崇福寺의 동서 삼층석탑, 경주지역 외의 대표적인 청도 雲門寺 동서 삼층석탑 등이다.

③ 분황사 모전석탑을 재현한 장항리 사지의 동서오층석탑과 같이 초층옥신에만 부조상을 마련하는 것으로 서악동 삼층석탑과 황룡사 서편의 일명사지 삼층석탑 그리고 언양 澗月寺址 동서 삼층석탑 등이다. 특히 장항리 사지 5층석탑의 경우는 창림사 삼층석탑의 상층기단부에서

사진 11 숭복사지 동서삼층석탑

사진 12 장항리사지 오층석탑

사진 13 원원사지 동·서 삼층석탑

　　팔부중상이 처음으로 등장하는 것과 같이 분황사 모전석탑의 양식을
석탑에다 적용시켜 초층 屋身의 사방에 설치된 감실문 좌우에 처음으
로 금강역사상을 배치함으로서 9세기 석탑의 초층옥신에 다양한 부조
상들이 등장하게 되는 계기를 마련하고 있다.

④ 遠源寺址 삼층석탑의 형식이다. 즉, 昌林寺址 삼층석탑 이래의 상층 기
　단부의 부조상과 장항리 절터 오층석탑 초층 옥신의 부조상이 1기의
　석탑에서 동시에 등장하게 되는 것이다. 이와 같은 형식은 9세기 석탑
　의 또다른 전형을 마련하고 있다. 즉, 이러한 경향은 금강역사상이 사
　천왕상과 불상 등으로 대치되면서 다양한 형태로 발전하여 강원도 陳
　田寺址 삼층석탑·강원도 禪林院址 삼층석탑 등으로 이어진다.
⑤ 무장사지 삼층석탑의 경우는 상층 기단부에 隅柱와 撑柱를 대신하여

사진 14 무장사지 삼층석탑

眼象으로 처리하였으며, 이는 남산 승소 골 절터 삼층석탑으로 계승되어 초층 옥 신까지 안상으로 확대되고 있다.

⑥ 국립경주박물관 본관 북쪽 정원에는 奏樂天人像이 조각된 석탑 하층 기단부 가 전시되고 있다. 이와 같이 기단부의 상층과 하층에 부조상이 조각되는 석 탑은 9세기이후에 등장하고 있다. 현 재 경주지역에서 찾기 어려우나 지방 의 사원들에서는 다수 확인되고 있다.

⑦ 각층의 탑신 모두에 부조상을 조각하

사진 15 주악천인상(국립경주박물관소장)

사진 16 미륵곡 보리사 석조여래좌상 　　　　**사진 17** 석불사(석굴암) 삼층석탑

는 경우로, 1990년대 이전 남산 보리사 석조여래좌상의 동남쪽 담장 아
래에 있던 탑재 가운데 3층옥신의 주악천인상은 좋은 예이다. 이와 같은
형식 역시 9세기 이후에 이르러 매우 드물게 조성된 것으로 보이는데 지
리산 백장암의 석탑이 이에 해당한다.

⑧ 석불사 삼층석탑의 경우 이러한 전반적인 경향과는 달리 기단부를 원
　형으로 마련한 뒤 중대면석을 석불사 불상대좌의 중대석과 마찬가지
　로 팔각형으로 처리함으로서 독특한 異形石塔을 선보였다. 이 탑의 기
　본형은 9세기에 철원의 到彼岸寺 삼층석탑으로 이어지고 있다. 남산
　서북록 천관사지 석탑의 경우 기단부는 방형이나 옥신부분이 팔각형
　으로 되어 있으나 같은 형식으로 분류가 가능하다.

이상에서 살펴본 바와 같이, 토함산의 佛蹟 가운데 장항리 절터 동서오층석탑과 원원사지 동서삼층석탑, 석불사 삼층석탑 등은 기존의 형식을 벗어난 창의적인 작품으로 주목된다. 이들 석탑들은 이후 신라사회의 석탑 조성과정에 새로운 방향을 제시하고 있는 대표적인 예라 할 수 있다. 특히 원원사지 동서삼층석탑의 경우 동일한 예는 말할 것도 없고 ⑥과 ⑦의 형식이 등장하는 중요한 계기를 마련한 것으로 평가된다.

한편, 고려나 조선시대에 오면 토함산지역에 존재하던 사찰들이 하나 둘 산문을 폐쇄하고 승려들이 떠남으로써 통일신라 이래로 존재하던 사찰들이 폐허로 변한다. 그 가운데 일부인 祇林寺와 石佛寺 그리고 佛國寺 등은 法燈을 계속적으로 이어왔지만 鍪藏寺와 遠源寺·崇福寺·甘山寺·移車寺·師子寺 등 수많은 사찰들은 그 운명을 다하고 있는 것이다. 이들은 대체적으로 조선에 이르러 廢寺가 되는 공통점이 있다.

3.

왕릉의 경우 원성왕릉에 이르러 華表石과 石人像 그리고 獅子像 등이 능전에 배치되며, 왕릉봉분의 호석에는 십이지상이 부조로 조성되고 그 둘레를 성덕왕릉에서처럼 인도 Sanchi의 대탑이나[35] Bharhut 석탑의[36] 欄楯을 모방하여 난간을 두름으로써 능묘제도의 완성을 보게 된다. 당시 신라 왕경의 국제적 면모를 보여 주듯 원성왕릉의 능역에서 서역인상이 동

---

35 Vidya Dehejia, 1996, 『UNSEEN PRESENCE』(The Buddha and Sanchi), Marg Publications.
36 Alexander Cunningham, 1998, 『The Stupa of Bharhut』, Munshiram Manoharlal Publishers Pvt Ltd.

사진 18 원성왕릉

서로 배치되어 있으며, 네 마리의 사자상 가운데 동북쪽의 사자는 오른발을 살짝 들고 있는데 얼굴은 해학적인 분위기가 역력하다. 특히 사자상이 오른발을 들고 있는 모습은 인도 석굴사원의 출입문 좌우나 불상 대좌의 중대석에서 동일한 모습으로 나타나고 있다. 이러한 신라왕릉의 인도적 요소들은 7~8세기 중국에서 인도 및 서역문화의 동점을 적극적으로 수용한 당문화의 국제성 때문이다. 따라서 당문화의 영향아래 놓여 있던 신라문화에서 그러한 인도 및 서역의 요소들이 불교문화를 중심으로 여러 곳에서 확인되는 것은 당연하다 할 수 있다. 그러나 이처럼 화려한 능역도 9세기 중엽의 方形墳에 이르면 더 이상 전대의 陵域을 모방하지도 못하여 연도 입구의 출입문에 서역인과 사자를 浮彫像으로 배치하고 있으며, 陵前에도 陵儀石物이 없는 초라한 왕릉을 조영하는 지경에 이르고 만다.

V. 맺음말

　지금까지 살펴본 바와 같이 토함산지역에 있는 유적의 대부분은 통일기에 보다 강화된 왕권과 국력을 바탕으로 신라가 대외적으로 팽창을 거듭하던 8세기 이후의 왕릉 및 사찰 그리고 산성들로 구성되어 있다. 특히 문무왕릉과 산성의 존재는 삼국통일 직후의 한일관계를 직접적으로 말해주고 있다. 아울러 7~8세기의 동아시아문화는 불교문화의 爛熟期를 맞이하는데, 신라 역시 국제문화의 흐름에 능동적으로 대처하고 있음을 알수 있다. 즉, 토함산을 중심으로 한 사찰들에서 확인되는 불교문화의 발달은 국제적인 감각을 여실히 보여주기도 하지만 작품의 완성도에 있어서도 가장 이상적인 경지에 이르고 있는 것이다.

　따라서 토함산지역의 불교문화는 신라문화를 선도하면서 지방으로 전파되었음을 알 수 있다. 이는 삼국기에 신라 왕경인 경주가 고구려나 백제 또는 수나라로부터 파급되던 선진문화를 수용하여 소화하는데 급급하기만 하던 당시 상황과는 달리 통일기 이후는 변화된 국내정세로 인하여 지방으로 왕경의 완성된 불교문화를 전파하고 있는 것이다. 이후 토함산의 신라시대 유적은 고려와 조선시대에는 잊혀지고 있었지만, 근현대에 이르면 다시 토함산의 역사적 성격을 부각시키는 요소들로 작용하고 있다.

한편, 일본이 조선을 강점하는 20세기 전반기에는, 토함산의 유적 가운데는 석불사의 석굴과 원원사 동서 삼층석탑처럼 복원이 이루어지거나[37] 1923년 장항리 사지처럼 석탑과 불상에 대한 파괴가 자행되기도[38] 하였다. 또한 감산사의 아미타여래상과 미륵보살상[39] 그리고 이거사의 석조여래좌상[40] 등이 조선총독부에 의해 서울로 옮겨졌으며, 무너진 이거사 삼층석탑 부재처럼 불국사역 앞으로 옮겨져 남산리 전염불사지의 석탑재와 혼재되어 건립되는[41] 불운한 일도 있었다[42].

그리고 토함산의 신라시대 유적 가운데 지금도 논쟁의 대상이 되고 있는 것이 적지 않은데, 대표적인 것이 대왕암·불국사·석불사이다. 특히 대왕암은 문무왕의 유해를 대왕암의 수중 암반상에 장골하였는지 아니면

---

37 能勢丑三, 1931, 「조선원원사지 12지 방위신탑 복원에 대하여」, 『創立30周年 記念 論文集』, 京都高等工藝學校 ; 能勢丑三, 1931, 「원원사의 탑과 12지신상」, 『朝鮮』197(10월호), 조선총독부 ; 김희강편, 1968, 『韓國塔婆硏究資料』(考古美術資料』제20집), 고고미술동인회, 199쪽.

38 諸鹿央雄, 1923, 「月城郡 獐項里 五層石塔 倒壞의 件」(金禧庚編, 1968, 『한국탑파연구자료』, 고고미술동인회간, 185~195쪽) ; 藤島亥治郎, 1930, 「陽北面 塔亭里寺址」, 『朝鮮建築史論』, 202쪽 ; 大西修也, 1975, 「獐項里 廢寺出土의 石造如來像의 復元과 造成年代」, 『考古美術』125호, 한국미술사학회.

39 황수영편, 1973, 『日帝期文化財被害資料』(고고미술자료』제22집), 韓國美術史學會, 236쪽 ; 藤島亥治郎著·이광로역, 1986, 『韓의 建築文化』, 技文堂, 254쪽.

40 이구열, 1996, 「데라우치총독에게 진상된 유덕사터 석불좌상」, 『한국문화재수난사』, 돌베게, 139~141쪽 ; 김공필기자, 1996, 「훼손, 이전설 나돌던 청와대 뒷산 석불이 공개됐다」, 『FEEL』, 10월호, 조선일보사, 356쪽.

41 정영호, 1967, 「경주 남산의 불적 보유(其一)」, 『사학지』1집, 단국대사학회.

42 전염불사지 동·서 삼층석탑 가운데 동탑은 1973년 불국사역 광장으로 옮겨졌으나 2008년 초 원래 위치로 이전·복원되었으며, 서탑은 2009년 탑재들이 남아있는 현재 위치에 복원됐다.

산골하였는지가 쟁점이 되고 있으며[43], 불국사는 1970년대 1차복원 이후 九品蓮池와 석가탑 상륜부의 재구성 그리고 회랑의 원형 등이 재론되고 있다. 석불사는 彫刻群像의 尊名 확인과 보존 그리고 석굴원형의 탐구에 관한 문제가 지속적으로 주된 관심의 대상이 되고 있다. 나아가 종합적으로는 석불사 본존불의 방향과 문무왕릉의 관련성 여부가 여전히 논란의 중심에 있다.

따라서 다른 곳으로 옮겨진 유물들은 그 위치를 되찾아야 할 것이며, 사찰들은 발굴을 통해 가람의 면모가 밝혀져야 할 것이다. 또한 논쟁의 중심에 있는 유적들은 좀 더 깊이 있는 연구가 선행되어야 한다. 그런 이후에야 토함산유적의 역사적 성격에 대한 충분한 논의가 가능할 것으로 기대된다.

---

43 황수영, 1994, 『新羅의 東海口』(교양 한국문화사-8), 열화당 ; 1974, 「文武大王陵에 이르는 길」, 『韓國의 佛教美術』, 동화출판공사 ; 1989, 「新羅의 東岳吐含山과 東海口」, 『石窟庵』(교양 한국문화사-1), 열화당 ; 1989, 『石窟庵』, 예경산업사 ; 이기선, 1994, 「大王岩은 葬骨處인가 散骨處인가」(文武大王陵 과대포장론에 대한 반론), 『가나아트』7・8합호(통권38호), 가나아트갤러리 ; 유홍준, 1993, 「아! 감은사・감은사탑이여」, 『나의 문화유산답사기』1편, 창작과비평사 ; 남천우, 1987, 「대왕암에 대하여」, 『遺物의 再發見』, 정음사 ; 정영호, 1992, 「石窟 創建과 東海口 新羅遺蹟과의 關係」, 『정신문화연구』제15권 제3호(통권 제48호), 한국정신문화연구원.

7

경주 단석산과 김유신

Ⅰ. 머리말

古新羅 및 統一新羅時代에 新羅王京을 구성하였던 六部 가운데 하나로 牟梁部가 있다. 그 중심지로 추정되고 있는 건천읍의 서편에 斷石山이 있다. 해발 827m인 이 산은 대구 - 영천 - 경주와 낙동강 - 청도 - 경주를 잇는 내륙의 주요 교통로상의 길목에 위치하고 있다. 그런데 조선전기부터 경주지역 사람들은 山名을 月生山이라는 기존의 이름대신 단석산으로 改名하여 부르기 시작하였다. 새로이 칭하게 된 斷石山은 그이름에서 알 수 있듯이 통일신라를 연 주역 가운데 한 사람인 김유신장군이 유년시절 花郎의 신분으로 入山修道하면서 삼국통일을 기원한 장소로 널리 알려지고 있다. 구체적으로는 『三國史記』열전 김유신조에서 말하는 "中嶽의 石崛"은 현재 단석산 神仙寺의 석굴이며 아울러 김유신이 갖고 있던 寶劍에 天官이 신령한 精氣를 불어넣어 주었으므로, 그 보검으로 斷石하였다는 구전을 채록하여 기록한 조선전기의 전국지리지인

사진 1 단석산

『新增東國輿地勝覽』慶州府 山川條의 기록에서 비롯된 것이다. 즉,『삼국사기』와『삼국유사』등 고려시대의 문헌기록에는 斷石에 대한 내용은 없으나, 후세 사람들이 상상력을 더하여 단석이라는 명칭을 만들어 낸 것이다.

그 후 기간이 경과함에 따라 당연한 사실로서 굳어지게 되었다. 따라서 현재에 이르기까지 단석산일원에는 김유신과 관련하여 많은 전설이 생성되기에 이르렀다. 대표적인 것은 신선사 석굴과 그곳에서 동쪽으로 정상을 넘으면 방내리 방면에 있는 千塔巖과 斷石寺址 그리고 花郎과 관련되는 화랑바위와 及第巖[1] 등이다. 또한 남쪽 산등성이의 나리못은 화랑들이 말에게 물을 먹였다는 전설이 전해지고 있다[2]

그런데 문제는 위에서 언급한 바와 같이 제반 논의의 저변에 깔려 있는 단석산이라는 명칭이 김유신장군의 기도처인 '中岳石窟' 또는 '寶劍'과 관련되어 있느냐 하는 것이다. 학계와 일반인들은 단석산의 명칭과 관련하여 이 일대를 화랑도들의 수련장으로 확대 해석하고 있는 실정이다. 따라서 본고는 『삼국사기』와 『삼국유사』 등에서 牟梁部圈域에 있었던 것으로 기록되어 있는 산의 이름들을 비교·검토한 후 단석산과의 관련성 여부를 추정해 보고자 한다. 나아가 단석산의 유적들 가운데 신선사 석굴의 경우, 김유신의 행적과 연계되어 설명되어지는 부분들이 역사적 사실을 바탕으로 이루어진 것인가 하는 점을 문헌자료를 통하여 재검토하고자 한다.

---

1 류용원외, 1992, 「화랑바위와 급제바위」, 『화랑의 유적지』, 화랑교육원, 60쪽.
2 박방룡, 1996, 「山川~橋梁」, 『新羅文化』13집(『신증동국여지승람』 경주부 역주), 동국대학교 신라문화연구소, 112쪽.

II. 牟梁部의 山

『삼국사기』와 「삼국유사」 등의 관련 기록으로 미루어 볼 때 新羅 王京의 西郊이자 단석산 동편 건천읍과 서면일원의 평야지대에는 斯盧國의 實體였던 六村 가운데 하나인 茂山大樹村이 있었던 것으로 보여진다. 그후 육촌은 고대국가의 발전과 더불어 육부로 개편되었는데 무산대수촌의 명칭은 大樹部·漸涿[3]·漸梁部 또는 牟梁部[4] 등으로 불리웠다. 또한 고려가 건국한 후 경주지역의 행정명을 개편할 940년에는 長福部라 칭하였다. 그런데 점량부 또는 모량부라는 部의 명칭이 사용되었을 것으로 추정되는 中古期의 경우, 1차 자료인 울진 봉평신라비에는 쑥喙部(524), 경주 南山新城 제2비에는 牟喙(591) 등으로 기록되어 있는 것으로 보아 문헌에 남아 있는 명칭은 통일신라 이후에 와서 漢化된 표기로 보여진다. 따

---

3 又崔政遠云 辰韓本燕人避之者 故取涿水之名 稱所居之邑里 云沙涿 漸涿等(羅人方言 讀涿音爲道 故今或作沙梁 梁亦讀道)(『삼국유사』 기이제일 진한조).

4 三日 茂山大樹村 長日俱(一作仇)禮馬 初降于伊山(一作皆比山) 是爲漸梁(一作涿)部 又牟梁部孫氏之祖 今云長福部 朴谷村等西村屬焉(『삼국유사』 기이제일 신라시조 혁거세왕조).

사진 2 건천읍내 전경

라서 모량부는 통일신라시대의 部名으로 보인다.

현재 모량부의 圈域으로 추정되는 지역에는 토광묘 단계의 舍羅里古墳群과 積石木槨墳인 金尺里古墳群[5] 그리고 石室墳인 芳內里古墳群[6]・泉浦里古墳群・大谷里古墳群 등이 위치하고 있다. 이외에도 山城으로는 삼국시대의 鵲城과 문무왕대의 富山城이 있으며, 단석산에는 神仙寺 石窟의 三國時代 佛像群・통일신라말기와 고려시대 불상이 각 1구・방내리

---

5 한국일보, 1981, 「신라때 유물 수백점출토」, 4월 15일자 보도자료 : 대구매일신문, 1981, 「羅代 金製腰帶 귀고리 등 遺物 백여점 발굴」, 5월 20일자 보도자료 : 최병현, 1992, 「신라고분연구」, 일지사, 112쪽.

6 강인구, 1997, 『경주방내리고분군』, 국립경주문화재연구소.

저수지에 수몰된 長興寺를 비롯한 廢寺址·山城址[7] 등이 확인되고 있다. 그런데 모량부의 고분군들은 집단성과 규모면 그리고 간혹 출토되는 유물들을 종합해 볼 때, 통일신라 이전시기 육부가운데 梁部로 추정되는 경주분지의 전반적인 상황보다는 약간 낮은 신분의 집단으로 분류할 수 있지만 여타 지역에 존재한 나머지 四部에 비해서는 상대적으로 上位의 身分을 유지한 집단으로 보여지고 있다.[8]

그 결과 학계는 일찍이 단석산과 이를 배경으로 형성된 건천읍일원에 대하여 두 가지 측면으로 관심을 가져왔다. 먼저 단석산 서편 중턱에 위치하고 있는 신선사의 석굴을 『삼국사기』 김유신열전에서 확인되는 '中嶽石窟'이라는 표현과 일치한다 하여 김유신장군의 기도처인 동시에 화랑들의 수련장으로 생각하였다.[9] 나아가 신선사 경내 석굴내부에 조각되어 있는 불상들의 배치와 造像銘記에 의거하여 석굴사원 자체를 모량부에서 창건한 彌勒信仰의 聖殿으로 보았다[10]. 다음은 금척리고분군을 중심으로 건천읍일원의 고분군과 관련하여서는 제22대 지증마립간(500~513)부터 제25대 진지왕(576~578)에 이르기까지 79년간 왕비족을 배출한 朴氏들이 출신지를 모량부로 기록하고 있는 것에 주목하여 이들 유적의 성격을 이해하여 왔다[11]. 즉, 단석산을 둘러싼 건천읍일원의 유적들을 이해하고

7 윤경렬, 1988, 「단석산유적」, 『경주박물관학교 교본(1)』, 대한인쇄출판사, 64~74쪽.

8 이근직, 1998, 「경주지역 신라문화의 성립과 전승과정 연구」, 『한국문화논집』 창간호, 부산전문대학 한국문화연구소, 50쪽.

9 김상기, 1969, 「단석산 신선사」, 『한국일보』 5월 23일 보도자료 : 1970, 「화랑과 미륵신앙에 대하여」(신선사유구의 조사를 기틀로), 『남운이홍직박사회갑기념한국사논총』, 간행위원회 : 1984, 『동방사논총』, 서울대출판부에 재수록.

10 신종원, 1994, 「斷石山 神仙寺 造像銘記에 보이는 彌勒信仰集團에 대하여」(新羅 中古期의 王妃族 岑喙部), 『역사학보』 143, 역사학회.

11 김원룡, 1976, 「사로육촌과 경주고분」, 『역사학보』 70, 역사학회(1987, 『한국고고학연구』, 일지사에 재수록).

사진 3 단석산과 금척리 고분군

자 하는 시각에는 김유신장군의 유년시절 행적과 모량부의 역사적 성격을 그 바탕으로 하고 있는 것이다.

사실 단석산 주변의 유적들은 모량부 권역의 중심에 위치하고 있는 까닭에, 단석산의 중요 유적인 신선사의 경우 모량부의 역사적 성격에 대한 이해를 전제하지 않고서는 올바른 해석을 하기란 어렵다.

그런데 문제는 모량부에 있었던 산명으로 현재까지 남아 있는 기록 가운데 단석산은 확인되지 않는다. 다만『삼국사기』와『삼국유사』에서 확인되는 촌명 앞에 붙는 산이름인 茂山과 대수촌장의 강림지인 伊山 또는 皆比山, 小祀의 祭場인 西述 그리고 眞聖女王의 장지인 黃山 등이다.

1. …三日 茂山大樹村 長曰俱(一作仇)禮馬 初降于伊山(一作皆比山) 是爲漸梁

(一作涿)部 又牟梁部孫氏之祖 今云長福部 朴谷村等西村屬焉

(『삼국유사』기이제일 신라시조 혁거세왕조)

2. 小祀…三岐(大城郡) 卉黃(牟梁) 高墟(沙梁)…西述(牟梁)

(『삼국사기』잡지 제사조)

3. 第五十一眞聖女王…十二月崩火葬散骨于牟梁西卉一作未黃山

(『삼국유사』왕력 진성여왕조)

4. 冬十二月乙巳 王夢於北宮 謚曰眞聖 葬于黃山

(『삼국사기』 신라본기 진성왕조)

사료 1은 斯盧六村 가운데 셋째인 무산대수촌의 명칭과 촌장의 이름 및 강림지를 먼저 기록하고, 이어서 村이 部로 개편된 뒤의 명칭들과 개략적인 위치를 기재하였다. 사료 2는 신라의 제사체계 가운데 小祀가 거행되는 祭場 24개소를 언급하고 있는데, 제시된 것은 경주지역으로 비정되는 곳들이다. 三岐는 안강읍의 金谷山이며, 高墟는 突山高墟村의 고허촌으로 현재 내남면의 高位山 天龍寺址 주변이다. 그리고 卉黃과 西述 두 곳에 대해서는 정확한 위치를 비정하기 어려우나 모두 모량부에 있었다. 사료 3과 4는 신라 제51대 진성여왕의 葬地를 黃山으로 기록하고 있는데, 『삼국유사』 왕력의 牟梁西卉는 모량부의 서편에 있는 훼황을 의미하므로, 이에 의하면 황산은 모량부에 속해 있으며 한편으로는 「一作」이라 하여 훼황과 동일한 산이름으로 기록하고 있다.

그런데 중국 安徽省 남부에 있는 黃山이 秦나라 당시에는 黟山이었는데 당나라 天寶6년(747년)에 개명되었다고 한다.[12] 이 점은 사로국 육촌의 근간을 형성하였던 인적 구성원의 出自를 위만조선계열의 「朝鮮遺民」[13]과 漢族인 「秦人」[14]으로 규정하고 있는 『삼국지』 辰韓傳[15]과 『삼국사

---

12 諸橋轍次, 1986, 『大漢和辭典』卷12, 大修館書店, 日本 東京, 962쪽.

13 始祖 姓朴氏 諱赫居世 前漢孝宣帝五鳳元年甲子 四月丙辰(一曰正月十五日) 卽位 號 居西干 時年十三 國號徐那伐 先是 朝鮮遺民 分居山谷之間爲六村 一曰閼川楊山村 二曰突山高墟村 三曰觜山珍支村(或云干珍村) 四曰茂山大樹村 五曰金山加利村 六曰明活山高耶村 是爲辰韓六部(『삼국사기』 신라본기 혁거세거서간 즉위년조).

14 三十八年…前此 中國之人 苦秦亂 東來者衆 多處馬韓東 與辰韓雜居(『삼국사기』 신라본기 혁거세거서간 38년조).

15 辰韓在馬韓之東 其耆老傳世 自言古之亡人避秦役 來適韓國 馬韓割其東界地與之… (『삼국지』 진한전).

기』신라본기 등의 기록을 고려할 때, 시사하는 바가 크다.『삼국유사』의
경우 "辰韓을 秦韓이라고도 한다" 이어서 최치원은 "진한은 본래 연나라
사람들이 피난하여 온 것이므로 涿水의 이름을 취하여 그들의 사는 邑里
를 沙涿 또는 漸涿 등이라 한다"[16]고 하였다. 즉, 流移民일 것으로 추정되
는 俱禮馬가 강림한 伊山은 중국 黟山의 異表記이며[17], 이산이 후에 당나
라에서 황산으로 개명되자 모량부에서도 동일한 산이름으로 개칭한 것으
로 추측된다. 따라서 구례마의 실존이 인정될 경우 그는 秦人系의 漢族이
었을 가능성과 함께 伊山(皆比山)은 卉黃 또는 黃山 등으로 불리워졌거
나 개칭되었을 개연성이 높다.

　연구자들은 위 사료들에 등장하는 산의 위치에 대하여 지속적인 관심
을 가져왔다. 첫째, 최광식은 사료 2의 卉黃이 모량부 권역에 있음을 주
목한 후, 훼황은 다름아닌 茂山이며 명칭으로 보아 현재의 富山으로 추정
된다[18]고 하였다. 둘째, 모량부를 경주시 서악동과 건천읍 모량리일원으
로 비정하였으나 단석산과 훼황의 일치여부는 유보한 견해가 있다.[19] 특
히 소사의 제장인 西述의 경우 모량부에 속한 것으로 기록되어 있는데,
대부분의 연구자들은 경주시 서악동 소재 선도산을 지칭하는 것으로 이
해하고 있다.[20] 이는『삼국유사』의 신라시조혁거세왕조[21]와 선도성모수

16　辰韓(亦作秦韓)…又崔致遠云辰韓本燕人避之者故取涿水之名稱所居之邑里云沙涿漸
　　涿等(『삼국유사』기이제일 진한조).

17　서병국, 1994,「신라의 삼성교립연구」(秦나라 사람의 망명을 중심으로),『관동사학』5·6
　　합집, 관동대학교 사학회, 161쪽.

18　최광식, 1994,『고대한국의 국가와 제사』, 한길사, 314쪽.

19　정구복외, 1997,『역주삼국사기4』주석편(하), 한국정신문화연구원, 33쪽.

20　정구복외, 1997,『앞 책』, 35쪽.

21　…因名赫居世王(盖鄉言也 或作不矩內王 言光明理世也 設者云 是西述聖母之所誕也
　　故中華人讚仙桃聖母 有娠賢肇邦之語是也 乃至鷄龍現瑞産閼英 又焉知非西述聖母
　　之所現耶).

희불사조[22]에 근거한 것이다. 그러나 선도산이 있는 서악동일원을 모량부의 권역에 포함시키는 것은 관련 지역의 역사성을 현장의 유적들을 통하여 정확하게 이해하지 못한 가운데 내린 결론으로 보인다. 현재 선도산 동록에는 태종무열왕릉을 포함한 10여기의 능묘군과 수백기의 고분군이 무리를 지어 경주지역 최대 규모의 고분군을 형성하고 있는데, 이들이 모두 모량부 소속이 아니면서 모량부의 권역에다 묘역을 설치하였다고 보기는 어렵기 때문이다. 만일 이들이 모량부 출신이거나 모량부와 어떠한 인연을 맺고 있어서 이곳에다 집단적인 묘역을 마련하였다면 모량부가 김유신으로 대표되는 가야계의 등장이후 정치적으로 몰락의 길을 걷고 있다고 하는 기왕의 시각은 재고되어야만 한다. 왜냐하면 이들 능묘의 피장자들은 법흥왕이래 중고기 왕족들과 무열왕이후 선덕왕까지 이어지는 무열계 왕족들의 능묘로 추정되기 때문이다. 특히 혜공왕대의 政變[23]을 주도한 모량부의 성격으로 미루어 볼 때 무열계 왕권과는 그다지 우호적이지 않았던 것으로 짐작된다. 따라서 서술은 서악동의 선도산이 아닌 다른 산임을 알 수 있다. 이러한 잘못된 비정은 관련 현장에 대한 조사와 연구를 병행하지 않고 문헌에만 의존한 결과로 여겨진다.

셋째, 황산을 경남 양산시 물금면 어실리 또는 경남 합천시 해인사 입

---

22 …神母本中國帝室之女, 名娑蘇, 早得神仙之術, 歸止海東, 久而不還, 父皇寄書繫足云, 隨鳶所止爲家, 蘇得書放鳶, 飛到此山而止, 遂來宅爲地仙, 故名西鳶山, 神母久據玆山, 鎭祐邦國, 靈異甚多, 有國已來, 常爲三祀之一, 秩在群望之上, 第五十四景明王好使鷹, 嘗登此放鷹而失之, 禱於神母曰, 若得鷹當封爵, 俄而鷹飛來止机上, 因封爵大王焉, 其始到辰韓也, 生聖子爲東國始君, 盖赫居閼英二聖之所自也, 故稱雞龍雞林白馬等, 雞屬西故也, 嘗使諸天仙織羅, 緋染作朝衣, 贈其夫, 國人因此始知神驗.

23 角干大恭家梨木上雀集無數 據安國兵法下卷云 天下兵大亂 於是大赦修省 七月三日 大恭角干賊起 王都及五道州郡並九十六角干相戰大亂 大恭角干家亡 輸其家資寶帛 于王宮 新城張倉火燒 逆黨之寶穀在沙梁·牟梁登里中者 亦輸入王宮 亂彌三朔乃息 被賞者頗多 誅死者無算也 表訓之言國殆 是也(『삼국유사』혜공왕조).

구의 황산리로 추정한 경우이다. 전자의 경우『삼국사기』신라본기에서 황산이 가야와 신라의 국경에 위치하여 잦은 전투가 치루어진 곳으로 기록하고 있는 것과 조선후기에 편찬된『慶州邑誌』등의 관련기록에 주목한 경우이다[24]. 이에 대해서는 정중환의 자세한 비판이 있었다.[25] 후자는 신라 제51대 진성여왕이 특별한 관계를 유지하였던 각간 위홍이 888년에 죽자 그를 혜성대왕으로 추존하였고, 897년에는 왕위를 양위하고 北宮인 해인사에 머물며 명복을 기원하다가 죽은 사실로 미루어 그의 장지인 황산을 伽倻山 洞口의 황산리와 관련지은 것이다[26]. 넷째, 伊山은 시기를 알수 없지만 청도의 옛 지명으로도 등장하기도 하나[27] 권오찬은 경주시 현곡면의 龜尾山으로 추정하기도 하였다[28]. 특히 셋째는 모량부의 권역을 경주지역을 벗어난 가야산 해인사까지 포함할 수 있느냐 하는 것이다. 넷째 역시 사로국 육촌의 하나인 무산대수촌의 村長이 당시 伊西國이 있던 청도를 강림지역으로 선정할 수 있느냐 하는 것이다. 이는 다른 다섯 촌장들이 모두 경주분지를 둘러싼 小嶽의 산정들을 강림지로 택하고 있는 것과는 대조적이다. 따라서 특정한 산명이 아니며 경주분지로부터 원거리에 있는 청도를 이산으로 보기는 어렵다. 구미산설의 경우 모량부의 시조인 구례마가 손씨이며, 후손인 손순관련 유적들이 현곡면에 집중적으로 분포되고 있음에 근거한 것으로 보인다. 그러나 이 경우 현곡면일원을

---

24 안종석, 1970,「眞聖王陵說 이렇게 본다」,『국제신보』, 1월 10일자 및 1월 17일자 보도자료 : 이재우, 1970,『국제신문』, 1월 29일자 보도자료 : 김상조, 1970,「진성여왕릉은 존재하지 않았다」,『경남매일』: 안종석, 1970,「전설과 기록으로 더듬어 본 진성여왕릉」,『중앙일보』, 3월 5일자 보도자료.

25 정중환, 1970,「진성여왕릉고」,『고고미술』105호, 한국미술사학회.

26 한국불교연구원, 1975,『해인사』(한국의 사찰7), 일지사, 103~105쪽.

27 전용신, 1993,『한국고지명사전』, 고려대학교 민족문화연구소, 214쪽.

28 권오찬, 1980,『신라의 빛』, 경주시, 52쪽.

모량부권역으로 보기에는 관련유적들이 모두 조선후기에 집중적으로 성립되고 있어 신뢰성이 다소 약하다고 할 수 있다.

결과적으로 관련 사료와 기왕의 견해들을 종합해 볼 때, 茂山·伊山·卉黃·黃山 등은 현재의 건천읍과 서면일원에 존재하고 있는 동일한 산명의 異稱 또는 별개의 산명으로 생각된다. 이 경우 서편에 있는 富山과 서남쪽의 斷石山으로 비정될 가능성이 높다. 하지만 현재까지 직접 연결지을 수 있는 자료는 확인되지 않고 있다.

Ⅲ. 金庾信과 斷石山

　단석산이라는 이름은『삼국사기』김유신열전의 내용 가운데 17세의 김유신이 '中嶽石崛'에서 기도한 사실에서 연유한 것으로 보인다. 현재 삼국시대 五岳 가운데 하나인 中嶽의 위치에 대해서는 서로 다른 견해가 제시되어 왔지만, '石崛'이라는 표현이 신선사 경내 石窟의 모습과 일치하기 때문에 대부분 中岳을 단석산으로 이해하고 있는 실정이다.『삼국사기』김유신열전의 내용 가운데 단석산과 관련된 부분은 다음과 같다.

　공은 나이 15세에 화랑이 되었는데 당시의 사람들이 기꺼이 따랐으니 (그 무리를) 용화향도라고 불렀다. 진평왕 건복28년인 신미년(611)에 공은 나이 17세로 고구려·백제·말갈이 국경을 침범하는 것을 보고 의분에 넘쳐 침략한 적을 평정할 뜻을 품고 홀로 中嶽의 석굴에 들어가 재계하고 하늘에 (다음과 같이) 고하여 맹세하였다. "적국이 무도하여 승냥이와 범처럼 우리 강역을 어지럽게 하니 거의 평안한 해가 없습니다. 저는 한낱 미미한 신하로서 재주와 힘은 헤아리지 않고 화란을 없애고자 하오니 하늘께서는 굽어살피시어 저에게 수단을 빌려주십시오!" 머문 지 나흘이 되는 날에 문득 거친 털옷을 입은 한 노인이 나타나 말하였다. "이 곳은 독충과 맹수가 많아 무서운 곳인데, 귀하게 생긴 소년이 여기에 와서 혼자 있음은 무엇 때문인가?" 유신이 대답하였다. "어른께서는 어디에서 오셨습니까? 존함을 알려 주실 수 있겠습니까?" 노인이 말하였다. "나는 일정하게 머무르는 곳이 없고 인연따라 가고 머물며, 이름은 난승이다." 공이 이 말을 듣고 그가 보통 사람이 아닌 것을 알았다. (그에게) 두 번 절하고 앞에 나아가 말하였다. "저는 신라 사람입니다. 나라의 원수를 보니 마음이 아프고 근심이 되어 여기에 와서 만나는 바가 있기를 바라고 있습니다. 엎드려 비오니 어른께서는 저의 정성을 애달피 여기시어 방술을 가르쳐 주십시오!" 노인은 묵묵히 말이 없었다. 공이 눈물을 흘리며 간청하기를 그치지 않고 여섯 일곱 번을 하니 그제야 노인은 "그대는 어린 나이에 삼국을 병합할 마음을 가졌으니 또한 장한 일이 아닌가?" 하고 이에 비법을 가르쳐 주면서 말하였다. "삼가 함부로 전하고 말라! 만일 의롭고 못한 일에 쓴다면 도리어 재앙을 받을 것이다." 말을 마치고 작별을 하였는데 2리쯤 갔을 때 쫓아가 바라보니 보이지 않고 오직 산 위에 빛이 보일 뿐인데 오색 빛처럼 찬란하였다.

(진평왕34년인) 건복29년(612)에 이웃 나라 적병이 점점 닥쳐오자 공은 장한 마음을 더욱 불러 일으켜 혼자 보검을 가지고 열박산 깊은 골짜기 속으로 들어갔다. 향을 피우며 하늘에 고하기를 중악에서 맹세한 것처럼 하고, 이어서 "천관께서는 빛을 드리워 보검에 신령을 내려주소서!" 라고 기도하였다. 3일째 되는 밤에 허성과 각성 두 별의 빛 끝이 빛나게 내려오더니 칼이 마치 흔들리듯 하였다.[29]

---

29 公年十五歲爲花郎 時人洽然服從 號龍華香徒 眞平王建福二十八年辛未 公年十七歲 見高句麗百濟靺鞨 侵軼國疆 慷慨有平寇賊之志 獨行入中嶽石崛 齋戒告天盟誓日 敵

그러나 위 기록에서도 확인되듯이 '中嶽石崛'에서 보여준 김유신의 행동 그 어느 곳에도 寶劍으로 인한 斷石과 관련된 내용은 없다. 오히려 보검을 들고 들어가 이를 시험해 보았음직한 곳은 단석산이 아니라 중악석굴의 기도 이듬해인 진평왕29년(612)에 입산수도한 곳인 咽薄山이다.

　　한편, 조선초기의 지리지인 『경상도지리지』 경주부조·『경상도속찬지리지』 경주부조·『고려사지리지』 경주부조·『세종장헌대왕실록지리지』 경주부조 등의 山川 또는 金庾信관련 기사에서도 단석산은 확인되지 않는다. 다만 『세종장헌대왕실록지리지』의 경우 단석산과 인접한 夫山(富山)에 대한 기록만 나타날 뿐이다. 단석산이 문헌상으로 처음 확인되는 곳은 조선 中宗26년의 全國地理誌인 『新增東國輿地勝覽』(1531)이다. 아울러 조선중기 이후의 단석산 관련 기사를 살펴보면 다음과 같다.

　　1. 단석산은 月生山이라고도 하며 慶州府의 서쪽 23里에 있다. 항간에서 전하는 바에 의하면 신라의 김유신이 고구려와 백제를 치려고 神劍을 얻어 月生山의 석굴 속에 숨어 들어가 검을 단련할 때에 시험삼아 큰 돌을 베었는데 산더미 같이 쌓였다. 그 돌이 지금도 남아있다. 그 아래에 절을 짓고 斷石이라 하였다고 한다(『신증동국여지승람』 경주부 산천조·

國無道 爲豺虎以擾我封場 略無寧歲 僕是一介微臣 不量材力 志淸禍亂 惟天降監 假手於我 居四日 忽有一老人 被褐而來 曰此處多毒蟲·猛獸 可畏之地 貴少年爰來獨處何也 答曰 長者從何許來 尊名可得聞乎 老人曰 吾無所住 行止隨緣 名則難勝也 公聞之 知非常人 再拜進曰 僕新羅人也 見國之讐 痛心疾首 故來此 冀有所遇耳 伏乞長者 憫我精誠 授之方術 老人默然無言 公涕淚懇請不倦 至于六七 老人乃曰 子幼而有幷三國之心 不亦壯乎 乃授以秘法曰 愼勿妄傳 若用之不義 反受其殃 言訖而辭行二里許 追而望之 不見 唯山上有光 爛然若五色焉 建福二十九年 鄰賊轉迫 公愈激壯心獨携寶劍 入咽薄山深壑之中 燒香告天 祈祝若在中嶽 誓辭仍禱 天官垂光 降靈於寶劍 三日夜 虛角二星光芒赫然下垂 劍若動搖然(『삼국사기』 김유신열전 상).

1531).[30]

2. 우징동은 경주부의 서쪽 40리에 있다. 골짜기 가운데 5리쯤 되는 곳에 바위가 우뚝 솟아 있는데 높이가 1백여척이나 된다. 그 바위는 남과 북으로 나뉘어져 있다. 남쪽 바위에는 글자가 몇 자 새겨져 있는데 세월이 오래된 까닭에 이끼가 끼어 글자를 알아 볼 수가 없다. 북쪽 바위는 사방이 병풍처럼 깎아지른 듯하여 올라갈 수가 없다. 바위면에는 일곱상이 새겨져 있는데 대단히 크고 길이가 한 길 남짓 된다. 전하는 바에 의하면 승상암이라고 하기도 하며 혹은 상인암이라고도 한다(『동경잡기』고적조 · 1669).[31]

3. 단석산은 경주부 서쪽 23리에 있으며 주사산으로 부터 내려 왔다. 다른 이름으로는 월생산이라고 한다. 신라때 김유신장군이 이곳에서 칼을 단련하고 이를 시험하여 암석을 모두 잘랐다고 전하는데 이로써 자취라 한다. 巷間의 習俗에는 괴이하거나 잘못된 것을 전하기 좋아하는데 여기 있는 바도 그러한 것이다(산의 서편 우중골에 있는 큰 바위에는 수십 행의 글이 새겨져 있는데 글자가 마멸되어 판독할 수가 없다. 지나가는 세속에서는 이름을 부회산이라고 하며 당나라의 위징이 글을 읽던 곳이라고도 한다)(『동경통지』산천조 · 1933).[32]

---

30 斷石山一云月生山 在府西二十三里 諺傳新羅金庾信 欲伐麗濟 得神劍隱入月生山石窟 鍊劍試斷大石 疊積如山 其石尚存 創寺其下 名曰斷石(『신증동국여지승람』경주부 산천조).

31 雨徵洞 在府西四十里 洞中五里許 有巖屹立 高百餘尺 其南北分坼 南巖.銘宇數行 歲久苔蝕 字不可曉 北巖 四方屏立 不能陟 巖面刻七像 甚大 長丈餘 俗傳 僧像巖 或云 上人巖(『동경잡기』고적조).

32 斷石山 在府西二十三里 自朱砂山來 一云月生山 傳金庾信將軍鍊劍 試石皆斷 此爲其跡 俚俗好怪曲傳所在然也(山西有長谷日雨中 有大岩所刻數十行文 而字刓不可辨 流俗傳會山名 以此爲唐魏徵 讀書處也)(『동경통지』산천조).

4. 단석산은 월생산이라고도 하며 경주군 서쪽 23리에 있다. 세상에 전하기를 신라시대 각간 김유신이 고구려와 백제를 정벌하고자 신검을 얻어 큰 바위를 잘라 시험하고는 단석사를 창건하였다(『조선환여승람』 경주군 산천조 · 1936).[33]

위에 소개된 지리지 외에도 조선후기의 『輿地圖書』·『慶州邑誌』·『大東地志』·『嶺南邑誌』 등과 1900년대 이후의 『慶州府邑誌』·『金鰲勝覽』·『東京續誌』 등의 자료들이 있지만 모두 동일한 내용들을 담고 있어 자료적 가치는 없다. 따라서 우리가 현재 단석산이라고 부르는 해발 827m인 이 산은 위의 자료들에 의거할 때 月生山[34]이다. 그리고 단석산이라는 표현은 『신증동국여지승람』 경주부의 단석산조 앞에 「新增」이라는 표현이 없음으로 미루어 『東國與地勝覽』이 최초로 편찬된 성종12년(1481) 당시의 기록으로 보인다. 다시 말하면, 단석산은 조선전기부터 사용된 山名이며, 다만 月生山이라는 표현은 경주지역의 吐含山·含月山·初月山 등과 같이 달과 관련된 山名으로 조선전기 이전까지 불리워진 것으로 추정될 뿐이다. 여하튼 문제는 월생산이 단석산으로 개명되는 것이 과연 산의 역사적 성격을 포함한 합리적인 결과인가 하는 것이다. 먼저 문장의 구성과 내용들을 분석해 보면 다소 문제가 있음을 발견하게 된다.

첫째, 『삼국사기』 기록에 의할 것 같으면, 김유신이 유년시절 중악의 석굴에서 입산수도할 당시의 상황 전개가 보검과 관련이 없다는 점이다. 그가 비로소 보검을 갖고 들어가 하늘에다 시험한 곳은 咽薄山이었다. 기록

---

33 斷石山一云月生山在郡西二十三里 諺傳新羅角干金庾信欲伐麗濟 得神劍試斷大石 建斷石寺(『조선환여승람』 경주군 산천조).

34 현재 인근 주민들의 일부는 달래산이라고도 한다.

에 의할 것 같으면 "寶劍을 가지고 열박산 깊은 골짜기로 들어가 향을 피우며 하늘에 고하여 빌기를 중악에서 맹세한 것처럼 하고" 이어서 "天官께서는 빛을 드리워 보검에 신령을 내려주소서" 하였다. 그러자 3일째 되는 밤에 虛星과 角星 두 별의 빛 끝이 빛나게 내려오더니 칼이 마치 흔들리듯 하였다는 것이다. 즉, 보검과 관련하여 斷石과 같은 超人的인 能力의 試驗은 열박산에서의 입산수도 이후에나 가능하다. 그리고 김유신과 관련된 어떠한 기록에도 열박산 이후 中岳으로 다시 들어갔다는 내용은 없다. 현재 열박산의 위치는 울산광역시 울주군 두서면으로 울산광역시와 경상북도의 경계지점이며,[35] 단석산 석굴로부터 동남쪽으로 10km이상 떨어진 거리에 있다.

둘째, 당시 단석의 근거로 추정된 암석은 전하는 바에 의하면, 현재 단석산 정상 동쪽의 또다른 봉우리 정상에 있는 切斷石인 千塔巖을 의미한다.[36] 『동경잡기』고적조에서는 단석산 동편의 단석과 구분하여 銘文이 있으며 신선암 동쪽 60m에 위치하는 석굴의 바위를 僧像巖 또는 上人巖으로 별칭하고 있다. 이는 반대로 신선사의 석굴을 '中嶽石崛' 또는 '斷石'으로 인식하지 않고 있음을 말하는 것이며 『동경잡기』에서 처음으로 소개되고 있는 내용이다. 따라서 斷石과 僧像巖은 완전히 별개의 유적인 것이다. 즉, 동일한 단석산에 위치하고 있으면서도 관련문헌에서 단석의 위치는 경주부에서 서쪽으로 23리이고 우징동의 상인암은 경주부에서 서쪽으로 40리로 기록하고 있는 이유인 것이다. 그것은 단석산의 동편과 서

---

35 화랑교육원, 1992, 「열박산」, 『화랑유적지』, 83쪽.
36 정영호, 1972, 「김유신의 백제공격로 연구」, 『사학지』 6집, 단국대 사학회(단국대사학회편, 1994, 『한국고대사』, 학연문화사, 369쪽에 재수록). 그러나 혹자는 천탑암을 원효대사가 怪僧을 응징하기 위하여 짝지를 날려보낸 곳이며, 김유신이 자른 단석은 산 정상의 갈라진 바위라고도 한다(황종찬, 1994, 『단석산아래 마을이야기』, 도서출판 서라벌, 97쪽).

편의 차이이자 곧바로 접근할 수 있는 동편 봉우리의 정상과 건천읍 소재지와 천포리를 경유하여 단석산 북서쪽인 송선리로 돌아서 다시 남쪽으로 가야만 하는 서편 골짜기의 차이이기도 하다.

셋째, 위의 두 가지 상황으로 미루어『신증동국여지승람』의 단석산 최초 기록은 비록 '月生山石崛'이라는 표현을 사용하고 있지만 사실 단석 주변에는 소년 김유신이 머물만한 석굴은 없다. 따라서 이는『삼국사기』김유신열전의 '中嶽石崛'을 의식한 막연한 표현인 것이다. 그리고 일부에서는 斷石아래에 창건하였다는

사진 4 신선사 석굴

斷石寺를 현재의 신선사로 보고 있으나, 거리상으로 볼 때 단석사는 다름 아닌 高斷石 또는 古斷石이라고 부르는 斷石(千塔巖)아래의 廢寺址를 의미한다.

넷째, 1933년의『동경통지』의 기록에서조차 단석과 신선사의 석굴을 구분하여 기록하고 있다. 찬자는 단석의 유래를 기록하고는 이를 巷間의 잘못된 謬俗으로 인하여 발생한 이야기로 추정하고 있으며, 신선사의 바위굴에 대해서는 명문이 있음을 말한 뒤 속전에 이르기를 당나라 위징[37]의

---

37 魏徵(580~643)은 중국 唐나라의 정치가로서 字는 玄成이다. 隋나라 말기에는 李密을 섬겼고, 후에 李建成과 그의 동생이자 당태종인 李世民의 신하가 되었다. 위징은 태종

독서하던 장소라고 소개하고 있다. 따라서 1933년에 이르기까지도『동경통지』의 찬자는 신선사의 석굴을 '中嶽石崛'로 인식하지 않고 있다. 1935년의『조선환여승람』경주군조에서도 달리 진전된 내용은 보이지 않는다.

결과적으로 보아 神仙寺의 石窟과 月生山은 김유신장군의 보검과 관련된 수련처인 '中嶽石崛' 또는 '斷石山'이 아님을 알 수 있다. 사실『삼국사기』와『삼국유사』의 기록에도 단석과 관련하여 등장하는 내용은 없다. 그러므로 단석산의 유래는 조선전기에 와서『삼국사기』김유신열전의 내용 가운데 중악석굴의 기도처와 열박산에서의 보검관련 내용이 先後없이 섞이면서 발생한 俗傳의 하나로 추정된다.

그러면 언제부터 구체적으로 신선사 석굴이 김유신장군의 寶劍과 관련된 修鍊處이자 정체불명의 노인인 難勝을 만나 삼국통합의 秘策을 배운 '中嶽石崛'로 인식하게 되었는지를 살펴보아야 할 것이다.

1945년 이전의 경주관련 서적에서는 단석산 신선사유적에 관한 내용이 간략하게 소개되는 정도인데, 1931년에 간행된 오사카 로쿠손大坂六村의『趣味の慶州』에서 당시의 상황을 짐작할 수 있다. 오사카 로쿠손大坂六村은「斷石山の上人巖」이라는 글에서 유적을 자세히 관찰한 결과를 담고 있는데 몇 가지 사항이 참고가 된다.[38] 첫째, 상인암은 김유신장군의 유적과 관련하여 당시에 이미 유명하다는 것. 둘째, 그는 신선사 석굴내의 主尊佛을 한국불교미술사학계에서 김유신장군의 '龍華香徒' 집단 또는 명문에 등장하는 미륵상에 대한 내용과 연결지어 彌勒佛로 보고 있는 것과

에게 200여 차례에 걸쳐 간언하였는데, 그의 간언은 태종이 훗날 동아시아의 모든 통치자들에게 모범이 된 '貞觀의 治'를 이루는 데 큰 역할을 하였다.『隋書』와『群書治要』의 편찬에도 참가하였다.

38 大坂六村, 1931,「斷石山の上人巖」『趣味の慶州』, 경주고적보존회, 134~138쪽.

는 달리 釋迦佛로 보고 있다는 점. 셋째, 당시 아직 관계 전문가의 발길이 닿지 않고 있음을 안타까워하면서 "연구할만한 가치가 있는 것이라고 생각된다" 라고 하였다. 즉, 이미 김유신장군과 관련된 유적으로 알려져 있었으나, 본격적인 조사와 연구는 이루어지지 않고 있음을 알게 한다. 또한 造像銘記에 대해서는 이끼가 많이 덮혀 판독하기가 어렵다고 하였으며, 명문에 등장하는 신선사의 존재를 모르고 있는 관계로 제목을 「斷石山の上人巖」으로 하였다. 1934년에 조선총독부에서 간행된 경주군의 『생활상태조사결과보고서』

사진 5 신선사 석굴 주존불

역시 단석산의 명칭만 김유신과 관련지어 설명하고 있다[39]. 그러나 같은 시대인 『동경통지』(1933)와 1940년의 조사에서도[40] 신선사 상인암의 유적을 김유신과 관련하여 기록하고 있지 않은 것으로 보아 上人巖을 中嶽石崛로 보려는 사실은 그다지 일반적이지는 않았던 것 같다.

1945년 이후 명문에 대한 첫 조사를 한 연구자는 홍사준으로 국내의 전후상황으로 인하여 1962년에 와서야 가능하였다. 그는 경주박물관장으로 근무하면서 이곳을 방문하여 불상들과 명문을 조사한 후 간단하게

---

39 조선총독부, 1934, 「단석산」 『경주군』(조사자료제40집·生活狀態調査其七), 116~117쪽.
40 中村亮平, 1940, 「斷石山の上人巖」 『增補朝鮮慶州の美術』, 改造社, 127~129쪽.

사진 6 신선사 석굴 명문

약도와 판독문을『考古美術』에 처음으로 게재하였다. 그러나 그는 조선시대 및 1945년이전 자료들에 대한 정확한 고증을 하지 않은 채 1930년대 전후부터 전래되고 있는 그대로 신선사의 석굴유적을 김유신장군의 '中嶽石崛'로 소개하였다.[41]

그러나 본격적인 조사와 연구는 바로 실행되지 못하고 다시 8년여의 기간이 지난 뒤 1969년 5월에 이르러 韓國日報社 主管인 新羅三山五嶽調査團이 조직됨으로써 이루어졌다[42]. 이후 神仙寺佛像群은 古新羅 最大의 佛像이라는 점에서 주로 美術史分野에 한정해서 조사 및 연구가 이루어졌고, 불상의 조성연대에 대해서는 모두 김유신이 中嶽의 石崛에 들어온 연대인 611년을 의식한 까닭에 6세기말과 7세기초를 벗어나지 않고 있다. 황수영은 6세기말 또는 7세기초[43], 강우방은 7세기초[44], 문명대

---

41 홍사준, 1962,「경주 상인암의 조상명기」,『고고미술』(통권29호), 고고미술동인회

42 김상기, 1969,「단석산 신선사」,『한국일보』5월 23일 보도자료 : 1970,「화랑과 미륵신앙에 대하여」(신선사유구의 조사를 기틀로),『남운이홍직박사회갑기념한국사논총』, 간행위원회 : 1984,『동방사논총』, 서울대출판부에 재수록

43 황수영, 1969,「단석산 신선사 석굴사원」,『한국일보』5월 23일 보도자료

44 강우방, 1994,「햇골산 磨崖佛群과 斷石山磨崖佛群」,『이기백선생고희기념한국사논총(上)』(고대편·고려시대편), 일조각 : 1977,「유머의 신 탱바위 얼굴」,『공간』12월호 : 1993,『미의 순례』(체험의 미술사), 예경출판사에 재수록

는 7세기 ¼분기[45], 김리나는 7세기 전반설[46] 등이 제기되었다. 그러나 위의 연구결과는 전10여구의 불상 및 공양상들이 몇 개의 그룹으로 나뉘어져 시기별로 제작되었을 가능성 보다는 동시대에 조성된 것으로 보았으며, 또한 남면에 있는 조상명기에 대한 깊은 연구가 선행되지 않은 채 불상의 조각기법만으로 시대편년이 이루어진 것이어서 다소 문제가 노정되고 있다[47]. 나아가 단석산과 김유신과의 관계에 대해서는 한번도 엄정한 사료비판을 거치지 않고 김상기[48]·황수영[49]·정영호[50] 등에 의해 정설로 굳어지는 듯하였다.

그러나 근자에 문경현과 신종원은 다음과 같은 이유로 하여 斷石山을 삼국시대의 中嶽으로 이해하는 것에 반대하였다. 문경현의 경우, 첫째, 『삼국사기』 김유신열전의 中嶽이란, 3권으로 된 김유신열전의 原典인 『金庾信行錄』이 통일신라시대의 김장청에 의해 저술되었으므로 이는 삼국통일이후의 개념으로 보아야 하며, 설사 통일이전에 중악이 있었다 하

45 문명대, 1968, 「한국 석굴사원의 연구」, 『역사학보』38집, 역사학회 : 1980, 『한국조각사』, 열화당, 150~151쪽

46 김리나, 1992, 「삼국시대의 불상」, 『한국미술사의 현황』, 도서출판 예경

47 造像銘記에 대해 이난영(李蘭英, 1976, 『韓國金石文追補』, 아세아문화사, 55~56쪽)과 허흥식(許興植, 1984, 『韓國金石全文』, 아세아문화사, 1294~1296쪽)은 고려시대로 추정하고 있으며, 김창호 역시 견해를 달리하고 있다(김창호, 2007, 「경주 단석산 신선사 마애거상의 역사적 의미」, 『한국고대불교고고학의 연구』, 서경문화사)

48 김상기, 1969, 앞글

49 황수영, 1980, 「신라 신선사와 송화방」, 『한국의 불교미술』, 동화예술선서 : 황수영, 1982, 「단석산의 유적」, 『신라의 폐사』2 (한국의 사찰12), 한국불교연구원 : 황수영, 1989, 「단석산 신선사 석굴마애상」, 『한국의 불상』, 문예출판사 : 황수영, 1989, 「신라 반가사유석상」, 『한국의 불상』, 문예출판사 : 황수영, 1994, 「단석산 신선사 조상명기」, 『한국금석유문』, 일지사 : 황수영, 1977, 「신라의 석굴사원」(단석산 신선사와 토함산 석굴암), 『동대신문』 1월 4일, 동국대학교 신문사(1997, 『황수영전집』5, 혜안, 119쪽에 재수록)

50 정영호, 1972, 앞글

더라도 경주분지의 중심을 벗어나 있는 단석산은 중악이 될 수 없다. 둘째, 단석산이 護國神의 住處인 三山의 중앙에 위치하므로 중악이라 불렀다 하나 삼산 가운데 穴禮(淸道)의 위치 비정이 잘못되었으므로 근거가되지 못한다. 셋째, 역사상 단석산을 중악이라 호칭한 사실을 발견할 수가 없다. 단석산이 곧 중악이라는 설은 단석산의 암석 형상을 김유신전설과 결부시킨 후대의 전승을 수록한 『신증동국여지승람』의 기록에서 비롯되었다. 그리하여 그는 중악이란 다름 아닌 팔공산이며, 은해사의 암자인 中岩庵 뒤의 석굴이 곧 중악석굴이라 하였다.[51] 즉, 문경현은 김유신의 중악석굴에 대한 행적이 삼국시대에 발생하였던 사건임을 앞세워 『삼국사기』의 기록 또한 삼국시대의 五岳 가운데 中岳을 지칭하는 것이라는 기존의 견해는 잘못된 것이며, 『삼국사기』 김유신열전의 저본이 된 『김유신행록』이 통일신라시대에 채록되었기 때문에 통일신라시대의 오악 가운데 중악인 팔공산을 의미한다는 것이다.

그 뒤 신종원은 신선사 석굴내 불상들의 배치와 명문의 내용을 분석한 뒤 다음과 같은 결론을 내리고 있다. 첫째, 신선사유적의 發願者는 모량부이고, 이들은 彌勒上生信仰을 가졌던 까닭에 彌勒下生信仰을 믿었던 김유신의 용화향도들과는 관계가 없다. 둘째, 中古期末에 김유신은 죽지랑과 함께 모량부를 타도하는 입장에 놓여 있다는 점에서 사량부 출신이 모량부를 수도처로 삼는다는 것은 어렵다. 셋째, 삼국통일 후 김유신은 신격화되어 그에 대한 여러가지 인물전설이 만들어지는데 여러 곳의지명이 그의 足跡에 假託되어 설명되어 진다는 것이다. 대표적인 것으로 그는 부산성의 지맥석이 김유신과 관련된 것을 예로 들며, 단석산 전설도

---

51 문경현, 1983, 「所謂 中嶽石崛에 대하여」, 『신라사연구』, 경북대출판부

사진 7 주사암 지맥석

그와 같은 하나의 예에 불과하다고 하였다.[52] 덧붙인다면 이외에도 건천읍일대에는 旗竿支柱와 鵲城 등이 김유신과 관련이 있으나 모두 지맥석과 같은 경우라 할 것이다.

보) 이인철은 김유신이 수도하던 진평왕 33년(611)에는 중악에 신선사가 창건되지 않은 것으로 추정하였다. 만일 신선사가 창건되어 있는 상황에서 수도를 하였다면 석굴이 아닌 신선사에서 수도한 것으로 기록을 하였을 것이기 때문이다.[53]

---

52 신종원, 1994, 「斷石山 神仙寺 造像銘記에 보이는 彌勒信仰集團에 대하여」(新羅 中古期의 王妃族 岑喙部), 『역사학보』143, 역사학회, 20쪽
53 이인철, 1999, 「신라중대의 불사조영과 그 사회경제적 배경」, 『경주문화연구』2집, 경주

Ⅳ.맺음말

지금까지 모량부에 속하여 있었던 산으로 기록이 남아 있는 茂山 · 伊山 · 皆比山 · 西述 · 卉黃 · 黃山 등의 위치비정에 대한 연구성과와 함께 月生山의 조선시대 명칭인 단석산의 유래에 대한 문헌검토와 신선사 석굴유적과의 관련성 등을 검토하였다. 그 결과 문헌기록에 남아 있는 산명과 단석산을 직접 연결 지을 수 있는 자료는 없다는 점과 단석산이라는 명칭은 조선전기에 와서 처음으로 사용되었으며, 斷石이라는 명칭 역시 문헌자료와 사실성에 바탕을 둔 것이 아닌 구전에 의한 내용을 채록한 것으로 月生山과는 무관한 것임을 알 수 있었다. 또한 단석산 신선사 석굴내 유적의 연구경향을 살핀 결과, 이들 유적과 김유신장군의 유년시절 수도처인 '中嶽石崛'에 대하여 현재 학계는 두 갈래의 견해가 제기되어 있음을 알아보았다. 즉, 1980년대 이전의 연구자들은 대체적으로 신선사의 석굴을 중악석굴로 인정하는 경향이었으나, 이후의 연구자들은 사료비판과 현장의 조

대학교 경주문화연구소, 27쪽

상명기를 검토한 결과 단석산은 삼국시대의 中岳이 아니며, 더욱이 김유신의 유년시절과 연계하기는 어렵다는 결론에 이르고 있다.

따라서 斷石山이 아닌 月生山에 산재한 유적들의 역사적 성격에 대한 문제는 王京을 구성하였던 六部를 중심으로 전개된 牟梁部의 性格과 더불어 낙동강 진출에 교두보로 삼았던 淸道로 가는 주요 교통로상에 위치한 만큼 中古期의 정치적 상황과 함께 종합적으로 연구되어져야 한다. 특히 진흥왕의 창녕지역 확보이후 인적 또는 물적자원들의 중요한 이동로로 등장하였을 가능성을 염두에 두어야 할 것이다. 이러한 역사적 성격은 신선사 석굴의 위치가 모량부의 중심 거주지인 건천읍일원 평야지대에 가까운 곳이 아니라 인적이 드문 반대편 산기슭에 위치하고 있는 까닭과 무관하지 않을 것이다. 6~7세기에 창건된 왕경지역 사원들의 장소가 흥륜사나 영묘사처럼 모두 평지이거나 신선사 석굴의 불상과 동시대로 편년되는 선방사와 탑곡 마애조상군 등이 남산자락에 창건되고 있음을 감안하면 신선사의 위치는 매우 이례적인 것은 분명하기 때문이다 아울러 김유신이 17세에 들어가 一統三韓을 꿈꾸던 中嶽에 대해서도 삼국시대 三山五嶽의 위치와 관련하여 처음부터 새로이 접근하여야 할 것이다. 그동안 신선사의 석굴은 김유신장군의 화랑시절 유적이자 화랑도의 수련장이라는 유명세를 타고 잘못된 방향으로 이해되어져 왔다[54]. 그 결과 산 주변의 대부분 유적들이 화랑과 관련된 것으로 잘못 알려지게 되었고 지금도 일부 사람들에 의해 확대 및 재생산되는 원인을 제공하고 있다. 즉, 월생산 주변의 화랑도관련 전설들은 조선시대의 기록들을 바탕으로 하여 대부분 1900년대 이후에 와서 생성된 것으로 보여진다.

---

[54] 류용원외, 1992, 「단석산 신선사 석굴」, 『화랑의 유적지』, 화랑교육원, 57~59쪽.

8

대구 비슬산 용연사에 대하여

Ⅰ. 머리말

고대 인도의 힌두신인 비슈누Visnu를 한자로 음역한 비슬노琵瑟怒에서 유래되었다는 비슬산은 『삼국유사』의 포산이성包山二聖조에 의하면 신라 시대에는 포산包山으로 불리웠다. 이 산의 북쪽 깊은 골짜기에는 용연사라는 고찰古刹이 있다. 용연사라는 사호寺號는 1748년 금곡金谷 선청善淸이 쓴 용연사사적기龍淵寺事蹟記에 의하면, 사찰로 들어가는 골짜기에 있는 용추龍湫라는 못의 이름에서 연유된 것이라 한다[1]

이어서 사적기는 용연사가 후량後梁 태조太祖 건화乾化 2년(912), 즉 신라 제53대 신덕왕神德王 3년(914)인 임신년에[2] 청도 운문사의 개산조開山

---

1 조선총독부, 1911, 「용연사사적」, 『增補校正朝鮮寺刹史料』(上), 403~406쪽.
2 후량 태조 건화 2년은 912년으로 임신년이 되며, 뒤이은 신덕왕 3년은 914년으로 갑술년이 된다. 따라서 사적기의 문장상 오기(誤記)로 판단된다.

祖인 보양국사實壤國師가 창건한 것으로 기록되어 있다. 그러나 창건 당시
인 10세기초의 유물로 추정되는 것은 현재 용연사에서 확인되지 않는다.
이 경우 18세기 중엽에 쓰여진 사적기에서는 다만 대구를 중심으로 한 인
근지역에서 유명한 고승으로 일반에게 회자되고 있었던 신라말의 보양국
사와 고려말의 일연선사 가운데 보양국사를 창건주로 내세움으로서 용연
사의 연원이 오래되었음을 상징적으로 나타내었을 가능성이 크다.

뒤이은 내용에 의하면 고려시대를 넘어서 중국 명明 성조成祖 영락永樂
17년, 즉 조선 세종원년世宗元年인 기해년(1419)에 해운당海雲堂 천일대사
天日大師가 중창한 것이라 한다. 그런데 고려시대 용연사 관련 기록이 전
무한 점이나 유물 등으로 미루어 이 해가 초창인 것으로 짐작된다. 이후
명나라 신종神宗 만력萬曆 20년인 임진년, 즉 선조宣祖 25년(1592)에 조선
을 침략한 일본군의 선봉장이었던 고니시小西行長 등이 이끄는 군사들에
의해 사찰이 약탈과 전소全燒를 당하게 된다. 당시 고니시는 부산포와 동
래성을 함락한 뒤 중로中路인 양산·밀양·청도·대구·인동·선산·상
주 등을 거치면서 한양으로 향하였다.

불타버린 건물자리와 초석만 남아 지나가던 나그네의 탄식을 자아냈던
용연사지는 1603년 사명대사의 명으로 청하당靑霞堂 인잠印岑·탄옥坦玉·
경천敬天 등에 의해 중창된다. 그 후 용연사는 효종 1년(1650)과 영조 2년
(1726)에 화재를 당하는 수난을 겪게 되었으나, 영조 4년(1728)에 중건된
이후 오늘에 이르고 있다. 즉, 목조건축물로 본다면 용연사는 현재 274년
정도의 역사를 갖고 있다.

그러나 무엇보다도 용연사의 사격寺格을 드높인 것은 현종 14년(1673)
에 석가여래釋迦如來의 진신사리眞身舍利를 모신 불사리탑佛舍利塔인 금강
계단金剛戒壇을 마련함으로서 적멸보궁寂滅寶宮을 갖춘 사찰의 하나가 된
일이라 할 것이다.

사진 1 용연사 극락전

　현재 용연사 경내에는 일주문―柱門을 들어서면 좌측에는 석조계단으로 잘 알려진 금강계단이 있는 적멸보궁이 있고, 우측에는 극락교極樂橋를 건너 사천왕문四天王門을 지나 사물四物이 모셔져 있는 보광루普光樓 밑을 통과하면 사찰의 중심에 극락전極樂殿이 앉아 있다. 좌우로 영산전靈山殿과 삼성각三聖閣을 배치하였으며, 북쪽으로는 사찰을 벗어나 명부전冥府殿이 자리하고 있다.

　위와 같은 역사를 갖고 있는 용연사에 대해, 본 글은 다만 일반적으로 알려진 사실 가운데 몇 가지 사항을 수정하거나 보완하는 측면에서 쓰여진 것이다.

Ⅱ. 석조유물

용연사에 남아 있는 중요한 석조유물로는 극락전 앞의 삼층석탑三層石塔과 적멸보궁으로 상징되는 석조계단石造階段 그리고 조선시대 용연사의 법맥法脈을 상징하는 부도군浮圖群이라 할 수 있다.

1. 삼층석탑

관련기록은 없지만 극락전 앞의 삼층석탑은 현재 용연사의 창건시기를 직접적으로 가장 올려볼 수 있게 하는 유물로 상징된다. 즉 사적기에서 용연사의 창건시기로 보는 신라말기의 작품은 아니지만 고려시대에 세워진 석탑으로 추정되고 있다[3]. 만일 이러한 연대관이 정확하다면 용연사의 창건은 몇 세기인지는 분명하지 않으나 최소한 고려시대로 소급된다

---

3 대구대학교 박물관, 1997, 『달성군 문화유적 지표조사보고서』, 278쪽 ; 한국문화유산답사회, 1997, 「용연사」, 『팔공산자락』(답사여행의 길잡이8), 돌베게, 289쪽.

고 할 수 있다.

삼층석탑의 기단부는 최근의 보수과정에서 망실된 부분은 새로운 석재로 대체하였지만, 하층기단부를 생략하고 상층기단부만으로 조성되었으며, 상층 기단부내에서도 우주隅柱만 모각模刻하고 탱주撑柱는 생략한 전형적인 신라말기의 형식을 갖추고 있다. 상대갑석上臺甲石에는 부연附椽과 함께 아래 부분이 몰딩된 2단의 몸돌받침屋身괴임이 마련되어 있다. 몸돌은 우주가 모각되어 있으며, 옥개屋蓋 받침은 4단으로 되어 있다. 일반적으로 보면 옥개받침이 4

사진 2 용연사 삼층석탑

단인 경우 9세기를 올라가지 못한다. 다시 말하면 9세기부터 세워지기 시작한다는 점이다.

대체로 지금까지 이 탑의 연대를 고려시대로 추정하는 근거는, 앞서 언급한 바와 같이 단층기단에 갑석의 윗면이 외연外椽 쪽으로 수평이 아닌 경사를 이루고 있고 옥개받침이 4단이라는 점과 낙수면이 짧고 추녀가 얕은데 비해 몸돌받침이 높은 점 등 신라하대의 형식이 그대로 반영되고 있음이 고려된 것이다.

그러나 덧붙인다면, 옥개받침의 낙수면 끝에서 층급받침까지의 간격이 길어지고 층급받침의 높이와 너비의 간격이 좁아지고 있는 점이 확인되는데 이는 전형적인 고려시대 석탑의 특징이다. 그런데 문제는 이 경우에도 이 탑의 상한시기를 고려시대로 잡는 것에는 이의가 없지만, 하한시기를 결정하는 문제는 좀더 신중하게 접근할 필요가 있다. 왜냐하면 고려시대에는 일반인들에게 눈에 띄지 않을 정도의 부분적인 변형은 있었으나 신라시대 전형석탑의 형식을 그대로 이어받은 고려 석탑이 많이 세워지는데, 조선시대 역시 같은 경향을 여전히 유지하고 있다[4]. 특히 신라시대 석탑의 영향이 강하게 남아 있는 영남권에서는 더욱 그렇다. 그러한 측면과 탑재들을 조각한 기술이 고르지 않고 매우 거친 점을 고려한다면, 용연사 삼층석탑은 조선전기 창건 당시의 석탑으로 추정된다.

현재 높이는 2.6m이며, 상륜부는 여러 장식 가운데 노반露盤과 복발覆鉢만 남아 있다.

2. 금강계단

조선 현종 14년(1673)에 조성되어 석조계단으로 잘 알려진 금강계단은 석가모니의 진신사리를 봉안하고 있는 공간이다. 현재 경기도 개성 불일사佛日寺의 계단[5] · 경남 양산 통도사通度寺의 금강계단金剛階段[6] · 전북 김제 금산사金山寺 경내의 방등계단方等階段이 같은 형식을 하고 있다. 금산사 및 통도사의 계단이 조성된 시기는 모두 고려 전기로 추정되고 있으며

---

4 예컨대, 조선 중종 15년(1520)에 창건된 벽송사의 삼층석탑은 세워진 시기가 비록 조선 중기이나 인근 지역인 전북 남원의 실상사 삼층석탑(9세기)을 모범으로 한 결과 전형적인 신라석탑의 형식을 하고 있다(정영호, 1998, 「조선시대의 석탑」, 『한국의 석조미술』, 서울대학교 출판부, 140~141쪽).

5 정영호, 1991, 「금산사 석종」, 『한국민족문화대백과사전』4, 한국정신문화연구원, 274쪽.

6 금강계단의 금강이라는 말은 금강석, 즉 다이아몬드를 의미한다. 어떤 물건이라도 금강석을 깨드릴 수 없지만 금강석은 모든 것을 깨뜨릴 수 있다. 그래서 불경에서는 이러한 금강석의 강인한 특징을 깨달음의 지혜를 표시하는 은유로 사용하고 있다. 곧 깨달음의 지혜로 모든 번뇌와 망상 그리고 미혹의 뿌리를 끊어 버리므로 금강석과 같다는 것이다(이기영외, 1991, 『통도사』, 대원사, 22쪽).

사진 3 용연사 금강계단

여주 신륵사 보제존자 나옹화상의 석종계단(1379년)은 이러한 형식의 연장선에 서있다. 용연사의 경우는 통도사의 금강계단을 모범으로 17세기에 조성된 것이다.

금강계단은 돌난간으로 탑구塔區를 마련한 뒤 상층기단 위의 중심에는 석종형 탑신塔身을 안치하였다. 계단은 2층기단으로 마련하였으며, 상층기단에는 한 면에 두 상씩 팔부중상八部衆像을 배치하였고, 하층기단의 네 모서리에는 사천왕상四天王像으로 생각되는 신장상神將像을 배치하였다.

권법의 자세를 취하고 있는 사천왕상은 뛰어난 조각솜씨를 보이고 있으며, 팔부중상은 손에는 갖가지 무기를 든 채 구름을 타고 천의자락을 휘날리는 모습을 하고 있다. 그러나 사천왕상은 도난의 염려로 인해 극락

사진 4 용연사 석가여래 중수비

전으로 옮겨져 보관되고 있었으나, 2001년에 팔공산 동화사 성보박물관으로 이관되었다. 다만 최근에 복제한 사천왕상을 금강계단 위 네 모서리에 배치하였다. 금강계단 앞에는 배례석拜禮石과 석등石燈이 놓여져 있으며, 좌우에는 비석 3기가 세워져 있는데, '석가여래부도비'(1676년)·'비슬산 용연사중수비'(1722년)·'석가여래중수비'(1934년)이다.

앞의 건물은 최근에 완성된 적멸보궁인데, 내부에는 불상을 모시지 않고, 다만 유리문을 금강계단 방향으로 설치하였다. 금강계단에 모셔진 불사리가 바로 부처님이시기 때문이다. 이는 통도사 금강계단 및 문경 대승사 윤필암 사불전四佛殿 등과 같이 불전밖에 있는 진신사리를 봉안한 부도, 석조 또는 마애여래상 등을 직접 모실 경우에 취하는 일반적인 현상이다.

용연사에 통도사의 불사리佛舍利 1과顆가 모셔지는 과정과 금강계단의 조성내력에 대해서는 1676년 4월에 금강계단의 오른쪽 앞에 세운 석가여래부도비명釋迦如來浮圖碑銘에 자세하게 기록되어 있다. 중요한 부분을 옮기면 다음과 같다.

…신라 때 스님 자장이…양주의 통도사에 갈무리한 것이 두 함函으로 각 함에 2과顆의 사리가 들어 있었다. 임진왜란 때 왜적이 (금강계단을) 무

너뜨리고 사리를 꺼내었으나 송운대사松雲大師 유정惟政이 격문檄文을 보내 (사리에 따르는) 재앙災殃과 복덕福德을 들어 그들을 설득하고 회유하니 적들은 온전히 사리를 돌려보냈다. 송운대사가 사리를 받들고 금강산의 서산대사 휴정休靜에게 나아가 처분을 물었다. 휴정이 탄식하며 말하길 "자장율사는 신인神人이다. 자장이 처음부터 깊이 간직하지 않은 것은 아니지만 졸지에 드러남을 면치 못했으니, 간직하는 것은 우리에게 달렸으되, 누군가 함부로 파내는 것은 어찌할 도리가 없는 노릇이다"라고 하면서, 마침내 하나는 문인門人인 선화禪和 등에게 주면서 "태백산의 보현사普賢寺에 안치하도록 하고 또 다른 함 하나는 송운대사에게 넘겨주면서 통도사로 돌려보내 금강계단을 고치고 봉안토록 했으니 그 근본을 잊지 않도록 하기 위함이었다. 그 무렵 영남지방은 또다시 병화에 휩싸여 대중들이 모두 새나 쥐처럼 뿔뿔이 흩어지니 (금강계단을 고쳐 세울) 일을 시작할 겨를이 없었고, 송운대사는 (사리를) 원불願佛로 모시고 어명에 따라 일본을 다녀온 뒤 곧 입적하게 되니 그 함은 치악산雉岳山 각림사覺林寺에 남게 되었다. (그 후) 그의 제자 청진淸振이 비슬산 용연사에 옮겨모신 뒤 대중들과 상의하여 탑을 세워 모시기로 하되, 서산과 사명대사의 유지에 어그러짐이 없도록 1과는 통도사에 돌려보내 안치하도록 하고 1과는 용연사 북쪽 기슭에 봉안하였다. 계축년(1673) 5월 5일에 탑이 이룩되니 높이가 5척 5촌이었다. …

즉 임진왜란 때부터 여러 사찰을 옮겨가면서 봉안되기 시작한 불사리가 전쟁이 끝난 뒤 74년만에 용연사에 마지막으로 모셔진 것이다. 그러나 통도사에 있는 관련자료(「표1」 참조)와 위 비문의 내용을 비교할 경우 몇 가지 문제점이 확인된다.

표1 통도사 불사리 연표

구분	연대	내용	비고
1	643년	신라 선덕여왕 때 자장율사가 가져온 사리 100과를 皇龍寺·太和寺·通度寺에 나누어 봉안함	
2	고려초	안렴사 두 명이 계단에 예배한 후 석종을 들어 보았는데 처음에는 구렁이가 석함 속에 있는 것을 보았고, 두 번째는 큰 두꺼비가 돌 밑에 쪼그리고 앉아 있는 것을 봄.	『삼국유사』 전후소장사리조
3	1235년	고종 22년에 상장군 金利生과 시랑 庾碩이 계단의 석종을 들어내고 석함속의 사리를 꺼내 禮敬하였는데, 그 속에는 작은 돌함이 있고 함 속에는 유리통이 들어 있고, 통 속에는 사리가 단지 4과 뿐이었다.	
4	1377년	고려 우왕 3년에 왜적이 침입하여 사리를 탈취하려 하므로 월송대사가 불사리를 깊이 감춤	양주 통도사 석가여래사리지기 (목은 이색)
5	1379년	고려 우왕 5년에 왜적의 침입으로 인하여 月松大師는 불사리를 모시고 개경으로 피신하여 龍首山 松林寺에 봉안함 (석가여래 頂骨 하나·佛舍利 4과·緋羅金點袈裟 1점·보리수잎 약간) - 사리가 무수히 分身하는 기적을 보임.	
6	1396년	송림사에서 태조 이성계의 壽陵인 定陵의 願刹이었던 서울의 興天寺 舍利閣의 石塔內에 봉안됨.	『태조실록』권9, 5년 丙子 2월 庚戌
7	1419년	서울 興天寺의 사리 및 전국의 불사리 558과가 태종의 명에 의해 거두어져 중국 명나라 사신 황엄의 수중으로 들어가 중국으로 되돌아 감.	『세종실록』권5, 元年 己亥 8월 甲午, 乙未 및 9월 癸卯, 丁未, 己酉, 庚申
8	1592년	일본군이 불사리를 약탈해 갔으나, 부산 동래의 玉白居士가 일본군진영에 포로로 잡혀 있다가 사리를 찾아 탈출함.	萬曆癸卯重修記 (惟政撰 - 1603년) 通度寺創刱由緖 (1910년)
9	1603년	사명대사가 불사리를 금강산에 계시던 스승 휴정대사에게 보냄.	釋迦如來靈骨舍利浮 圖碑-蔡彭胤撰 (1706년)
10	1603년	사명대사의 지시로 두 개의 함을 태백산 葛盤寺(淨岩寺)와 양산 통도사에 각각 나누어 봉안함.	

첫째, 금강산에서 서산대사가 사명대사에게 지시하기는 태백산 보현사와 통도사가 아니라 갈반사와 통도사였다는 점이다. 둘째, 관련 자료들을 종합해 보면 통도사에서는 1603년에 금강계단을 수리한 후 불사리를 모시고 있음이 분명한데, 용연사 비문에서는 그 함이 통도사로 가지 못하고 치악산 각림사에 봉안된 것으로 기록하고 있다. 셋째, 1673년 용연사에 금강계단을 마련할 당시에 1과를 통도사에 보냈다고 하였지만 통도사 금

강계단 중수사실을 기록한 자료들을 살펴보면 이 사실은 확인되지 않는다. 조선시대 통도사 금강계단의 중수 연대는 선조 36년(1603)·효종 3년(1652)·숙종 31년(1705)·영조 19년(1743)·순조 23년(1823)·1911년 등이다[7]. 즉 통도사에서는 용연사에서 사리를 모셔온 것과 관련하여 아무런 기록을 남기지 않고 있는 것이다.

마찬가지로 통도사의 자료에서조차 고려말 왜구들로 인하여 개성의 송림사로 이전 봉안된 뒤의 상황을 전하는 자료는 없는 실정이다[8]. 다만 『태조실록』과 『세종실록』[9]에 의해서 서울의 홍천사로 옮겨져 봉안되고 있음이 확인될 뿐이다. 즉, 그 불사리가 언제 통도사로 다시 모셔져와 봉안되었다는 관련 기록은 전무한 것이다. 『세종실록』에 의하면 통도사에서의 불사리조차 자장에 의해 통도사에 모셔진 이래 777년만에 명나라 사

---

7 통도사 성보박물관, 1987, 『한국의 명찰 통도사』, 25쪽.

8 부처의 두골사리(頭骨舍利)와 보리수 잎에 쓴 불경이 그 전에 통도사에 있던 것을 왜구로 인하여 유후사 송림사(松林寺)에 가져다 놓았는데, 사람을 보내어 가져오게 하였다(『태조실록』권9 5년 2월 22일 경술조).

9 ① 전(前)에 태조께서, 속설에 전하는 석가여래가 세상에 살아 있을 때에 이[齒]에서 나온 사리(舍利) 네 개와, 두골(頭骨)과 패엽경(貝葉經)과 가사(袈裟) 등을 홍천사(興天寺) 석탑 속에 두게 하였는데, 내시 김용기(金龍奇)에게 명하여 밤에 석탑에서 옮겨다가 내불당에 두게 하고, 그 대신 석가여래 두골에서 나온 사리 네 개를 탑속에 두게 하였다.(『세종실록』권5, 원년 8월 23일 을미조) ② 황엄이 홍천사(興天寺)에 가는데, 이명덕·원숙 등이 따라갔다. 엄이 부처에게 공양드리고 승려에게 잿밥을 먹였다. 사리각(舍利閣)에 들어가서 석탑에 올라 사리를 열어 보고 친히 손수 봉해 두고 돌아왔다. 엄이 숙 등에게 사리의 내력을 물으니, 대답하기를, "속설로 전하는 말이, 석가여래가 세상에 살아 있을 때 이[齒] 위에 났던 것이었는데, 신라 때에 중 자장(慈藏)이라는 이가 서역에 들어가서 문수(文殊) 보살을 뵙고, 그것을 얻어 가지고 돌아와서 경상도 통도사(通道寺)에 두었던 것을 병자년에 우리 강헌왕이 가져다가 이 곳에 둔 것이요"하였다. 왕현(王賢)도 또 홍천사에 가서 부처에 배례(拜禮)하고 돌아왔다(『세종실록』권5, 원년 9월 1일 계묘조). ③ 이명덕·원숙·원민생 등이 황엄을 좇아 홍천사에 가서 부처에게 공양을 올리고 승려에게 시주하고, 석탑을 열고 석가여래의 정수리 뼈와 사리 4개를 내어서 태평관으로 받들고 돌아갔다(『세종실록』권5, 원년 9월 8일 경술조).

신 황엄에 의해 중국으로 되돌아가고 있음이 확인된다[10].

한편, 강원도 명주군 보현사 관련 자료에도 석가여래의 진신사리에 대한 언급은 확인되지 않는다. 아울러 서산대사의 지시로 통도사에 모셔져야할 불사리가 사명대사의 일본 사신행과 뒤이은 입적 그리고 영남지방의 병란으로 인하여 임진왜란 이후 임시로 옮겼다는 치악산의 각림사 역시 임진왜란 당시 전소되어 다시는 중건되지 못하였다[11]. 따라서 1673년 용연사로 불사리를 모셔 오기까지 70여 년 동안 각림사에 모셔져 있었다는 비문의 내용은 사실로 믿기 어렵게 된다.

따라서 용연사의 금강계단에 관한 사실문제는 앞으로 새로운 관련자료가 확인되기 이전에는 재검토되어야 할 부분으로 생각된다.

3. 부도군

용연사가 조선초기 창건되어 법등을 면면히 이어왔음을 직접적으로 보여주는 것은 부도군이라 할 수 있다. 현재 적멸보궁 서편에 7기의 조선시대 석종형 부도가 나란히 모셔져 있으며(1群), 이 부도군에서 다시 서쪽으로 300m 지점에 5기의 부도가 있어(2群) 용연사 부도는 모두 12기에 이른다. 이들 가운데 2기는 부도에 새겨지는 묘호廟號가 없어 누구인지 알 수 없으며, 동운대사東雲大師와 송파대사松坡大師의 부도비만이 세워져 있다. 이들 가운데 인악대사仁嶽大師의 경우 부도는 용연사에 있으나, 입적 12년 뒤인 1808년에 세워진 부도비는 동화사입구 인악당仁嶽

---

10 최완수, 1994, 「통도사」, 『명찰순례』①, 대원사, 74쪽.
11 김상현, 1991, 「각림사」, 『한국민족문화대백과사전』1, 한국정신문화연구원, 219~220쪽.

사진 5 용연사 부도군

堂에 보관되어 있다.

부도에 새겨진 묘호는 다음과 같다. 제1군은 ① 낙파대사洛坡大師 ② 원계대사遠溪大師 ③ 인악대사仁嶽大師 ④ 동운대사東雲大師 ⑤ 송파대사松坡大師 ⑥ 미상 ⑦미상, 제2군은 ① 무위당대사자언無爲堂大師自彦 ② 서귀당치청西歸堂致淸 ③ 반허당법찬返虛堂法贊 ④ 유환당신○순有幻堂神○順 ⑤ 현진당대숙玄津堂大淑이다[12].

---

12 대구대학교 박물관, 1997, 「용연사 부도군」, 『달성군문화유적지표조사보고서』, 296쪽.

Ⅲ. 맺음말

마지막으로 사천왕문의 사찬왕상 배치와 극락전의 명칭에 관해 살펴봄으로서 글을 마무리 하고자 한다. 먼저 사천왕四天王은 제석천의 부장으로서 수미산 중턱의 사왕천四王天을 지키는 호법신護法神이다. 이 사천왕상은 신라 및 고려시대에는 우측에 북방 다문천多聞天과 동방 지국천持國天, 좌측에는 남방 증장천增長天과 서방 광목천廣目天이 배치되었으나, 조선시대에 오면 그 위치를 우측에는 동방 지국천과 남방 증장천이, 좌측에는 서방 광목천과 북방 다문천이 자리하게 되는 것이 일반적이다. 그런데 용연사의 사천왕문 사천왕상 배치는 우측에는 남방 증장천과 서방 광목천을, 좌측의 왼쪽에는 비파琵琶를 연주하는 동방 지국천과 오른쪽에는 보탑寶塔을 들고 있는 북방 다문천을 배치하였다. 이 경우 좌측의 두 사천왕조차 방향을 고려하지 않고 상반되게 배치한 것이다.

용연사의 경우 나름대로의 이유가 있을지 모르나 일반적인 여느 사찰 및 불화 등에 등장하는 사천왕의 배치와는 현격히 차이를 보이고 있다. 만일 조선시대의 전형을 따른다면, 좌측의 왼쪽에 있는 동방 지국천이 우측의 왼쪽으로, 우측의 서방 광목천이 좌측의 왼쪽으로 옮겨 배치해야 할 것이다.

한편, 불전佛殿이 언제부터 극락전으로 불리워졌는지는 알 수 없다. 그러나 영조 7년(1731)에 그려진 후불탱後佛幀이 영산탱靈山幀인[13] 점과 문수와 보현보살을 거느린 주존불 역시 석가모니 삼존불이며, 1748년에 금곡金谷 선청善淸이 찬한 용연사사적기에는 대웅전大雄殿으로 기록되었다. 따라서 18세기 후반이후 언제인가 대웅전에서 극락전으로 명칭이 변경된 것임을 알 수 있다.

결과적으로 용연사는 극락전 앞의 삼층석탑이 비록 고려시대로 추정되기는 하나 앞에서 살펴본 바와 같이 조선전기에 창건된 것으로 생각되며, 조선후기인 17세기에 이르러 불사리를 모신 금강계단이 조성되는 것을 계기로 사세寺勢가 확장되어간 듯하다. 따라서 금강계단 조성 58년 뒤에는 효장세자의 영혼을 위로하는 원당으로까지 지정되는 중요한 사찰로 격상되고 있는 것이다.

---

13 화기(畵記)에 의하면, 후불탱화는 영조와 정빈이씨 사이에서 태어난 맏아들로 일곱 살에 왕세자로 책봉되었다가 열 살에 죽은 효장세자의 영혼을 위로하기 위하여 빈궁 조씨(효순왕후)를 비롯한 몇몇의 시주로 이루어진 것이다. 당시 좌의정 조문명의 딸이었던 조씨는 나이 열 셋 되던 1727년에 아홉 살 난 효장세자의 세자빈이 되었다가 이듬해 사별하였다. 정조가 즉위한 후 진종으로 추존하였으며, 능은 경기도 파주에 있는 영릉이다.